U0104334

文史哲學集成

薛文郎著

清初三帝消滅漢人民族思想之策略

文史哲出版社印行

清初三帝消滅漢人民族思想之策略／薛文郎著 --初版.--臺北市：文史哲，民80
2,137 面；21公分 --（文史哲學集成；237）
參考書目：面135-137
ISBN 957-547-056-7（平裝）

1.中國 - 歷史 - 清聖祖(1662-1722)
2.中國 - 歷史 - 清世宗(1723-1735)
3.中國 - 歷史 - 清高宗(1736-1795)
627.2　　80002706

㊲ 文史哲學集成

清初三帝消滅漢人民族思想之策略

著者：薛文郎
出版者：文史哲出版社
登記證字號：行政院新聞局局版臺業字○七五五號
發行所：文史哲出版社
印刷者：文史哲出版社
台北市羅斯福路一段七十二巷四號
郵撥○五一二八八一二彭正雄帳戶
電話：三五一一○二八

實價新台幣二〇〇元

中華民國八十年八月初版

版權所有・翻印必究

ISBN 957-547-056-7

清初三帝消滅漢人民族思想之策略　目次

第一章 導論

第一節 研究動機

雖然明末清初，並沒有精確的人口統計，但是歷史學者從有關的史料推算明末漢族人口應有六千多萬人至八千多萬人，而滿洲人口約爲七、八十萬人。這些學者的粗略推計，（註一）雖然並非十分準確，但是「當時漢人爲一大民族，而滿人爲一少數民族，而且大小懸殊」則是學界公認的史實。吳三桂於公元一六四四年引清兵入關時，清帝國傾巢而出，入關的滿人只有十万人，可是人數這麼少的滿人却能採以漢制漢的策略，征服人口約爲滿族一百倍的漢族（註二）。當時滿、漢雙方使用的武器，極爲相近，並非少數滿人使用核子彈征服使用刀箭的多數漢人，爲什麼文化水準很高的漢民族竟被關外的一個小部落征服而且乖乖地聽從滿人宰割達二百六十六年之久？其原因何在，令人費解。

一位學者說過：「自古以來，以外族入主中原，奄有今日內地十八省本部者，惟元與清。而其統治得宜，享國歷年之久，清室迥非元朝所得同日而語，蓋元之蓄積本厚，摧滅趙宋，不足為奇，清以一隅蕞爾部族，亦能踵元舊事，豈係偶然？……

蒙古鐵騎，橫掃歐亞，殆無敵手，然自忽必烈建號大元，以至順帝北歸朔漠，未踰百年，足證武力亦不可恃。清則反之，二百餘年之天下，不讓漢唐，康、雍、乾之際，號稱治世，吏治民生，均有可觀，此均為元之所無。此外，滿漢之畛域雖存，抗清之義師屢起，於漢族之復興大業，終難底於成功，士大夫輩亦少應之，謂係氣運使然，究屬信而無徵。降及同光，封疆大吏，湘淮功臣，居其泰半，精兵勁卒，俱歸漢人，然彼等未有鼎革易姓之舉，清廷仍得用之，且升降任免，一紙詔命，即可貫徹，鮮聞拒命之事，唐末藩鎮之景象，竟不復重現，推原其故，應有令人深思之處。

平情而論，清之統治，並非純以自身之武力威壓天下，況其兵力亦未必可恃，清初即然，滿人僅能乘明朝之內亂，壓服疲弊之人民，與困憊之軍隊而已，實未嘗與曾經訓練之漢兵交鋒。三藩之亂，已需賴綠營漢將之力，方能敉平，及至季年，經制額兵，僅存虛名。要之，終清之世，清廷可恃以安內攘外者，非八旗子第，殆無疑義。然則，漢人固為之效命疆場，奠定江山，惟馬上不能治天下，長治久安，無法求之此輩武夫，開初年太平之基者，實有賴斐然之吏治安輯百姓，清廷之善用士人，使種族之分殊不致危及民生，顯而易見。」（註

三）

滿清這樣一個關外小部落究竟憑什麼法術征服巨大的漢民族，並且使之服服貼貼接納滿清的統治？史家對這個問題，紛紛從軍事、政治。經濟……等方面提出解釋，而且均能持之有故，言之成理。其中見解最獨特，言人所未言，發人所未發者，則是　國父孫中山先生的世界主義說。

他在〈民族主義第三講〉中說：「民族主義這個東西，是國家圖發達和種族圖生存的寶貝。中國到今日已經失去了這個寶貝。爲甚麼中國失去了這個寶貝呢？我在今天所講的大意，就是把中國爲甚麼失去了民族主義的原故來推求，並研究我們中國的民族主族是否眞正失去。依我的觀察，中國的民族主義是已經失去了，這是很明白的；並且不只失去了一天，已經失去了幾百年。試看我們革命以前，所有反對革命很厲害的言論，都是反對民族主義的。再推想到幾百年前，中國的民族思想，完全沒有了。在這幾百年中，中國的書裡頭，簡直是看不出民族主義來，只看見對於滿洲的歌功頌德，甚麼深仁厚澤，甚麼食毛踐土，從沒有人敢說滿洲是甚麼東西的。近年革命思想發生之後，還有許多自命爲中國學士文人的，天天來替滿洲說話。譬如從前在東京辦《民報》時代，我們提倡民族主義，那時候駁我們民族主義的人，便說滿洲種族入主中華，我們不算是亡國。因爲滿洲受過了明朝龍虎將軍的封號；滿洲來推翻明朝，不過是歷代朝廷相傳的接替，可說是易朝，不是亡國。然則從前做過中國稅務司的英國人赫德，他也曾受過了中國戶部尙書的官銜，比如赫德來滅中國，做中國的皇帝，我們可不可以說中國不是亡國呢？這些人不獨是用口頭去擁護滿洲，還要結合一個團體叫做保皇黨，專保護大淸皇帝，來消滅漢人的民族思想的。所有保皇黨的人，都不是滿洲人，完全是漢人。歡迎保皇黨的人，多是海外華僑；後來看到革命思想盛行之時，那些華僑才漸漸變更宗旨，來贊成革命。華僑在海外的會黨極多，有洪門三合會，即致公堂，他們原來的宗旨，本是反淸復明，抱有種族主義的。因爲保皇主義流行到海外以後，他們就歸化保皇黨，專想保護大淸皇室的安全，故由有種族主義的會黨，反變成了去保護滿洲皇帝。把這一件事看來，便可證明中國的民族主義完全亡了。」

至於中國（漢人）民族主義衰亡的主要原因之一就是漢民族中了世界主義的流毒，以致絕大多數的漢人都喪失其民族思想，願意認賊做父，甘心接受異族的統治，乖乖地做滿洲政權的順民，不知利用民族主義去反淸。

國父在〈民族主義第三講〉中又說：「何以外國亡國，民族主義不至於亡，而中國經過了兩度亡國，民族思想就滅亡了呢？這是很奇怪的，研究當中的道理是很有趣味的。中國在沒有亡國以前，是很文明的民族，很強盛的國家，所以常自稱爲堂堂大國，聲名文物之邦，其他各國都是蠻夷。以爲中國是居世界之中，所以叫自己的國家做中國，自稱大一統，所謂『天無二日，民無二王』，所謂『萬國衣冠拜冕旒』，這都是由於中國在沒有亡國以前，已漸由民族主義而進於世界主義。究竟世界主義是好是不好呢？如果這個主義是好的，爲甚麼中國一經亡國，民族主義就要消滅呢？世界主義，就是中國二千多年以前所講的天下主義。我們現在研究這個主義，要知道他到底是好不好呢？照理論上講不能說是不好。從前中國智識階級的人，因爲有了世界主義的思想，所以滿清入關，全國就亡。康熙（筆者按：可能是雍正）就是講世界主義的人，他說：『舜東夷之人也，文王西夷之人也，東西夷狄之人，都可以來中國做皇帝。』就是中國不分夷狄華夏。不分夷狄華夏，就是世界主義。大凡一種思想，不能說是好不好，只看他是合我們用不合我們用。如果合我們用便是好，不合我們用便是不好。合乎全世界的用途便是好，不合乎全世界的用途便是不好。世界上的國家，拿帝國主義把人征服了，要想保全他的特殊地位，做全世界的主人翁，便是提倡世界主義，要全世界都服從。中國從前也想做全世界的主人翁，總是站在萬國之上，故主張世界主義。因爲普通社會有了這種主義，故滿清入關便無人抵抗，以致亡國。當滿清入關的時候，人數是很少的，總數不過十萬人。拿十萬人怎麼能夠征服數萬萬人呢？因爲那個時候，中國大多數人很提倡世界主義，不講民族主義，無論甚麼人來做中國皇帝，都是歡迎的。所以史可法雖然想反對滿人，但是贊成他的人數太少，還是不能抵抗滿人。因全國的人都歡迎滿人，所以滿人便得做中國安穩皇帝。當那個時候，漢人不但歡迎滿人，並且要投入旗下歸化於滿人，所以有所謂漢軍旗。」

雍正帝允禎也在《大義覺迷錄》中提到漢人甘心情願爲滿清效力。他說：「世祖章皇帝入京師時，兵亦不過十萬。夫以十萬之衆，而服十五省之天下，豈人力所能强哉？實道德感孚，爲皇天眷顧，民心率從，天與人歸，是以一至京師，而明之臣民，咸爲我朝效力。馳驅其時，統領士卒者，即明之將弁，披堅執銳者，即明之甲兵也。此皆應天順時，通達大義，輔佐本朝成一統太平之業，而其人亦標名竹帛勒勳鼎彝，豈不謂之賢乎？而得以禽獸目之乎？及吳三桂反叛之時，地方督撫提鎭以至縣令武弁攻城破敵，轉餉輓糧，多半漢人也。且多臨陣捐軀，守土殉節者。國史不勝其載，歷歷可數。又如三次出征朔漠宣力，行間贊勷蕩平之勳者，正復不少，豈不謂之忠且義乎？而得以禽獸目之乎？即如岳鍾琪世受國恩，忠誠義勇，克復西藏，平定青海，屢奏膚功，赤心奉主，豈非國家之棟梁，朝廷之柱石乎？」（註四）

雍正帝允禎的上述言論，可以証明滿清入主中原，並非完全依恃武力，而是漢人甘心爲其效勞。東征西討的清軍主帥像吳三桂、孔有德、尚之信、耿仲明……都是漢人，甚至於「

三屠嘉興」的清軍主帥李成棟及江陰大屠殺的清軍主帥周良佐也均是明降將。這些漢將漢兵甘心替異族充當屠殺漢人同胞的劊子手，乃是因爲他們一向中了世界主義的流毒，不辨夷狄華夏，缺乏强烈的漢人民族思想所致。

文化水準低人數又少的滿洲族竟能輕易征服文化水準比它高得多的巨大漢民族，而予宰制達二百六十六年之久，原因很多。可是，一般史家都强調軍事、政治、經濟、社會等方面的因素，而忽視漢人民族主義式微這個因素。 國父在講「民族主義」時，爲矯正一般史家之偏頗，力言漢人民族主義衰亡爲滿人得以入主中國的原因之一（當然 國父並非認爲那是漢人亡國的唯一原因）。筆者對 國父此一見解甚爲服膺，可惜 國父之言非常簡略，爲了宏揚 國父遺教，本文擬研究清代史實，以證明 國父此一見解之正確性。

第二節 研究方法與材料

本文主旨實係國父思想和中國近代史的整合，鑑於主題的性質，筆者決定利用圖書館的文獻資料來做研究。筆者除了熟讀原始資料如雍正皇帝的《大覺覺迷錄》（一至四卷）和《聖諭廣訓》、凌廷堪的《校禮堂詩文集》、清初三帝實錄以及 國父孫中山先生的〈民族主義六講〉之外，相關的第二手資料也儘量多讀，尤其是蕭一山先生的《清代通史》特予重視，這不僅因蕭先生爲清史權威學者，史料詳實，而且清代的政治、經濟、社會措施，更是本文非予引用不可的佐証資料。凡是本文引用過的資料，均在每章之後註明，文末並列有主要參考文獻，以供同好進一步研究之參考。依照通常的研究方法，筆者本應對前人對這個主題的研究成果，略加評論，做爲本文据以進一步改進和更深入研究的基礎。但是翻遍各大圖書館圖書目錄、中央圖書館期刊論文索引、以及料資庫的主題，未見有人做過這方面的研究，只好自行研究。雖然自行鑽研，有閉門造車之危險，可是從另一方面來看，只要持之有故，言之成理，則可望有所創見，自成一家之言。

第三節　主要名詞的定義與本文的架構

涉及本文的幾個主要名詞如世界主義、民族主義、民族……等等，其涵義均以　孫中山先生的見解爲主。

甲、清初三帝

本文所稱「清初三帝」係指康熙、雍正、乾隆三位滿清皇帝而言。滿清入關後的第一位皇帝是順治帝福臨，但是他六歲登基，由多爾袞攝政，而且二十幾歲就死了，所以，本文未將順治視爲清初三帝之一。何況，有些史家認爲南明永曆帝於康熙元年被殺，明朝始亡。

乙、世界主義

簡單地說，世界主義就是主張全體人類如同一家人，不要國家的界線，也不要民族的界線。國父在〈民族主義第三講〉中也說過：「世界主義就是中國二千多年前所講的天下主義。不分夷狄華夏，便是世界主義。」西方學者對世界主義有較詳細的解釋。依《社會科學國際百科全書》的解釋：「世界主義是主張個人以其眷戀故鄉和親屬關係的類似態度來對待世界，把世界看成更大更高的祖國的一種心靈狀態。」可知世界主義是反對國家主義的褊私狹隘，而以全人類幸福安寧爲理想的一種思想。

國父是在演講時爲世界主義下定義的。爲了便於聽衆的理解，及配合國情乃做通俗的解釋。其實，國父和西方學者對世界主義的解釋相似，並沒有基本的差異。

世界主義的本質雖然是好的，可是眞正的世界主義必須有民族主義爲基礎才能實踐，否則就會成爲變相的帝國主義。國父在民族主義中提到香港苦力買彩票的妙喩來說明這種理論。他說：「彩票是世界主義，竹槓是民族主義，苦力中了頭彩，就丟去謀生的竹槓，好比我們被世界主義所誘惑，便要丟去民族主義一樣，我們要知道世界主義從什麼地方出來的呢？是從民族主義發生出來的。我們要發達世界主義，先要民族主義鞏固才行，如果民族主義不能鞏固，世界主義就不能發達。」他又說：「所以我們以後要講世界主義，一定要先講民族主義，所謂欲平天下者先治其國，把從前失去的民族主義，從新恢復起來，便要從而發揚光大之，然後談世界主義，乃有實際。」（第四講）

例如，日本軍閥在第二次世界大戰前夕，向日本皇軍鐵蹄蹂躪下的亞洲各民族提出「大東亞共榮圈」就是一種虛僞的世界主義，也就是變相的帝國主義。「東亞共榮圈」雖然說得冠冕堂皇，可是骨子裡是要消滅各民族的民族主義，使亞洲各民族在東亞共榮圈的迷夢下，甘心做日本帝國主義者的奴隸牛馬而不自知。已故的蘇俄頭子布里茲涅夫提倡的「社會主義大家庭」，看似世界主義或國際主義，其實也是一種變相的帝國主義。因爲在這一個社會主義大家庭裡面，蘇俄是家長，也是做爸爸的，東德、波蘭、匈牙利、捷克、保加利亞、羅馬尼亞、古巴、越南、高棉、寮國、外蒙等等，都是這個家長的家屬，也是這個爸爸的子女，父子的地位不平等，蘇俄和其他的共黨政權如何保持民族或國家之平等呢？說穿了，其他的那些共黨國家只不過是蘇俄帝國主義者的附庸而已。（註五）近來東歐民族主義已覺醒，社會主義大家庭已破碎。

本文所指的世界主義是虛僞的世界主義，或變相的帝國主義，它是强盛民族用來痲醉被欺凌民族，藉以消弭被壓迫民族的民族主義之利器，並非講求人類平等、博愛或四海之內皆爲兄弟的眞正世界主義。

丙、民族主義

本文所稱　國父民族主義是指漢人民族主義，而非國族主義。

國父在手撰本《三民主義》中說：「夫漢族光復，滿清傾覆不過只達到民族主義之一消極目的而已。從此當努力猛進，以達到民族主義之積極目的也。積極目的爲何？即漢族當犧牲其血統、歷史、與夫自尊自大之名稱，而與滿蒙回藏之人民，相見以誠，合爲一爐而冶之，以成一中華民族之新主義。如美利堅之合黑白數十種之人民，而冶成一世界之冠之美利堅民族主義，斯爲積極之目的也。」換言之，消極地推翻滿清後，應積極地推行民族同化融合各種族，以造成一個偉大的中華民族。

本文指稱的　國父民族主義係指以「驅除韃虜，恢復中華」爲宗旨的漢人民族主義，用以和清朝皇帝的世界主義對稱。　國父在〈軍人精神教育〉中說：「民族主義者，打破種族上不平等之階級也。如滿清專政，彼爲主而我爲奴，以他民族壓制我民族，不平孰甚？故種族革命因之而起。」

他又在〈女子應明白三民主義〉講詞中說：「甚麼是民族主義？就是要中國和外國平等的主義；要中國和英國、法國、美國那些强盛國家都是一律平等的主義，就是民族主義。漢人在十三年前做滿人的奴隸，我們當那個時候沒有國家，不能和別人講平等。」

國父在《三民主義》（文言文本）中說：「何謂民族主義？即民族之正義之精神也。」他又在〈三民主義與中國民族之前途〉中說：「民族主義……不許那不同族的人來奪我民族的政權。」這也可以說是民族精神，或民族意識。　國父又說：「民族主義，卻不必要什麼研究，才會曉得的。譬如一個人，見著父母總是認得，決不會把他當做路人，也決不會把路人當做父母。民族主義也是這樣，這是從種性發出來，人人都是一樣的。滿洲入關到如今已有二百六十多年，我們漢人，就是小孩子，見著滿人也是認得，總不會把他當做漢人，這就是民族主義的根本。」（同上）

可見，　國父在革命時代所講的中國民族主義就是漢人的民族主義，這是對壓迫漢人的滿洲人政權而言的。

所以本文的主旨等於是說，清初諸帝利用「不分夷狄華夏」的虛僞世界主義或變相的帝國主義來痲醉被滿人征服的漢民族，消滅其民族意識，使他們甘心受滿洲政權的統治，不知以漢人的民族主義爲號召，站起來反抗異族的統治。

丁、民　族

民族是一個很古的名詞，淵源於拉丁字（Nation），本有誕生，種族或家世的意思，表示一個部落或一個社會團體，根據於血統的一致和語言的相同結合而成者，迄十七世紀以來，法律家及論著者常用這個字來描寫一群有主權的政邦的人民，不問種族與語言是否一致。今天，一般人都認爲：民族是一群具有相同血統、語言、宗教信仰、生活方式及風俗習慣的人，他們因休戚相關，禍福與共，經長期的融合，而具有相同的民族意識。

就這個定義來看，清代尤其是一六四四年清兵入關當時，滿洲人確是和漢人不相同的兩個民族，滿洲人爲女眞的後裔，其血統和語言均與漢人有別，其他次要的生活方式及風俗習慣也有異於漢人，構成各民族的主觀要素「民族意識」，更是滿漢不同的標誌，滿人自認爲滿人，漢人自認爲漢人，雙方各具自己的民族意識，所以就當時的觀點而論，滿洲人入主中國，確是中國淪亡，受異族統治。

國父在《三民主義》演講本序文中說：「茲（民國十三年）値國民黨改組，同志決心從事攻心之奮鬥，亟需三民主義之奧義。五權憲法之要旨爲宣傳之資，故於每星期演講一次，由黃昌穀君筆記之，由鄒魯君讀校之。今民族主義適已講完，特先印單行本以餉同志。惟此次演講，既無暇晷以預備，又無書籍參考，只於登台之後，隨意發言。」因此，《三民主義》演講本給人一種淺顯而欠學術性的感覺。其實，國父演講「深入淺出，言簡意賅」，吾人深入研究之後，可以証明國父的見解極爲精闢，常有言人之所未言，發人所未發之處。本文將利用中國近代史料來疏證國父見解之正確性。

至於本文的結構，筆者在第一章導論中，敘述研究動機，資料運用和有關名詞的界定。第二章探討漢人民族思想之源流。第三章敘述清初三帝如何運用政治教育以消弭漢人的民族思想。第四章列舉清初滿漢民族地位、政治地位及經濟地位之不平等，以証明滿清的世界主義並非不分夷狄華夏的天下主義，而是征服者滿人用以痲醉被征服者漢人的變相帝國主義而已。

第五章以王夫之的漢人民族主義與凌廷堪、康有爲之世界主義對比，並證明史上不斷有華夏夷狄鬥爭之事實，國族是民國成立之後才形成的。

第六章是結論。先述　國父的理論—民族主義是世界主義之基礎，次言漢人革命必須高喊中國民族主義激發民族意識，以爭取廣大漢人的支持，俾能推翻異族政權，最後實踐　國父民族主義的積極目的，促使國內六十四個種族融合成一個國族—中華民族。

【附註】

註一　參看管東貴撰，〈滿族的入關與漢化〉，《中央研究院歷史語言研究所集刊》四十三卷，頁四四八—九．柏楊著《中國人史綱》下冊，頁八三九。

註二　依照中共當局一九九〇年第四次戶口普查之統計，滿人和漢人的人口比率恰好是一比一百，以此推估，在一六四四年時漢人的人口數應爲滿人的一百倍。

註三　胡健國撰，〈清代滿漢政治勢力之消長〉，（國立政治大學博士論文，六十六年），頁二—五。

註四　允禎（雍正皇帝）撰，《大義覺迷錄》卷一（沈雲龍主編，《中國近代史料》第三十六卷）。

註五　薛文郎著，《國父思想》（臺北：曉園），七十六年，頁二六九。

第二章　漢人的民族思想

第一節　從華夷之辨到世界主義

我們從中國古代史得知，周代以前，很多種族雜居於中國大陸，其中文化水準最高的是華夏族（後來的漢人），華夏族的首領黃帝約在四千五百多年前建立一個超級强國，代代相傳下去。到了商、周之際，由於華夏文化水準最高，建立一個超强的民族國家並能獨享文字之功，所以，形成一種根深蒂固的民族優越感。當時各種族都是黃種（Mongoloid），膚色體形，相差不多，民族之間的區別，不在於血統，而是文化，尤其是服飾及生活方式，當時華夏族居住的黃河流域，號稱中原。他們的文化水準最高，乃自認他們在中原（今河南一帶）的國家爲世界文化的中心。後來又再演變成爲中國。凡是生活方式和華夏族不同者，都是未開化的野蠻人，這些野蠻人環居在中國的四周，其住在中國東方者，叫做「夷」，在中國西方者謂之「戎」，在中國北方者稱爲「狄」，在中國南方者則稱爲「蠻」。

東夷、西戎、南蠻、北狄是對很多少數民族的泛稱，並非對四種少數民族的稱呼。華夏族泛稱各少數民族爲夷、戎、蠻、狄，顯然是「不敬」，我們由此也可以看出華夏民族的自我優越感。基於這種華夏的民族優越感，在周代中葉的春秋時，儒家漸漸形成華夏族的民族思想，即「嚴夷夏之防」，也就是區別中國人和非中國人，凡是接受華夏文化者就是中國人，不接受或未接受者爲夷狄。首先，區別華、夷的是儒家宗師孔子。他的儒家思想自漢武帝以來，成爲漢民族的思想主流，寄託於儒家典藉的「嚴華夷之防」思想也代代相傳，成爲漢人民族思想的根苗。

子路曰：「桓公殺公子糾，召忽死之，管仲不死。曰未仁乎？」子曰：「桓公九合諸侯，不以兵車，管仲之力也。如其仁！如其仁！」

子夏曰：「管仲非仁者與！桓公殺公子糾，不能死，又相之。」子曰：「管仲相桓公，霸諸侯，一匡天下，民到于今受其賜：微管仲，吾其被髮左衽矣！豈若匹夫匹婦之爲諒也，自經溝瀆。而莫之知也？」（憲問第十四）

筆者在學生時代讀到了這兩句話，總覺得孔子如此答覆學生的詢問，好像答非所問，文不對題。讀書稍多之後，才漸漸瞭解孔子那樣的答覆，自有他的道理。

包賚說：「孔子所作的《春秋》是一部最講義法，使亂臣賊子懼怕的書。管仲是公子糾的臣子，他不爲公子糾死難，反而去幫公子糾的仇人桓公做事，照《春秋》的義法，管仲便是個亂臣賊子，應該受到嚴厲的誅貶的。但孔子非單不去誅貶管仲，而且還要稱贊他是仁者。這究竟是什麼意義呢？晚村先生以爲君臣之義固然是重大，但是民族之義比君臣之義更要來得重大。因管仲能夠看明白了這一點，他就不被小節的君臣之義所拘束，專爲無能的公子糾死難，他要保住這個有用的身體來幫助大英雄齊桓公做那意義更重要的救中國攘夷狄。因爲管仲能攘夷狄救中國於披髮左衽，故孔子稱他是仁者。」（註一）

儒家的後起之秀孟子也是一位華夏民族主義者，他因楊墨兩家忘了夷夏之防，而加以鞭斥。孟子讚曰：「周公兼夷狄，驅猛獸，而百姓寧。」甚至於還引用詩經的話：「戎狄是膺，荊舒是懲，則莫我敢承。」（〈滕文公〉下）

秦併吞六國之後，天下一統，夷狄蠻戎逐漸漢化，在長城以南的中國已形成一個以漢人爲主體的民族國家。所以 國父在民族主義第一講中說中國自秦漢以來，就是一個民族國家。在古代，由於海運未通，加以中原沒有民族國家在競爭，漢人乃漸漸誤認天下就是中國，中國就是天下。這種大一統的意識漸漸使漢人的民族意識趨於淡泊，而形成世界主義。孔子固然聲稱：「遠人不服，則修文德以來之，既來之，則安之。」韓愈更說：「夷狄而中國也，則中國之。」換言之，夷狄只要接受漢人的思想和生活方式，就承認其爲中國人，不再以夷狄視之。 國父在〈民族主義第三講〉中說：「中國在沒有亡國以前，是很文明的民族，很強盛的國家，所以常自稱爲堂堂大國，聲名文物之邦，其他各國都是蠻夷。以爲中國是居世界之中，所以叫自己的國家做中國，自稱大一統，所謂『天無二日，民無二王』，所謂『萬國衣冠拜冕旒』，這都是由於中國在沒有亡國以前，已漸由民族主義，而進於世界主義。」

居住在中國大陸的漢人和各少數民族都是黃種人，他們的膚色相同，只有言語、衣、冠、裝扮略有差別而已，古代區別華夷中外的標準是文化，不是血統，只要夷狄蠻戎、接受華夏文化，華夷就會同化。由於漢人有文字，文化水準高，所以，主張世界主義，要求各少數民族漢化，使漢人和夷狄之間的界線，日趨模糊。久而久之，中外華夷，漸無區別，尤其漢化的外族，容易受到中國人的認同。秦漢以前，華夷之辨，以文化爲準，漢武帝以後，儒家成爲漢人的思想主流，凡是使用漢字，並接受儒家思想者，均和漢人無甚差異。像康熙、雍正、乾隆三個滿人皇帝，詩文均甚佳，和漢人士大夫，實在沒有明顯的區別。怪不得漢人對滿人沒有強烈的民族意識。

思想相同者，較易親近。兩個不同的民族接受同一個政治意識形態時，彼此容易接納和友善，美國和法、德、日、義、荷、西、比、丹、瑞……等自由民主的國家，雖非同一民族，卻形同手足，相互親善，對於古巴、中共、北韓、蘇俄、越南、阿爾巴尼亞則甚爲排斥，非民族不同使然，政治思想歧見之故也。

滿洲人入關後，半由於滿清統治者原已漢化，半由於統治上的便利，清初諸帝無不接納支配漢人知識份子思想的孔孟學說，並大力提倡當時孔孟學說的新潮派程朱理學，漢人雖然知道滿洲人是異族，但是由於滿洲人尊重儒家思想，滿漢兩民族的民族意識，變得很淡泊，漢人除了極少數的民族主義者之外，也漸漸能接納滿清統治者爲中國人的觀念。

現代的史學家都認爲清初諸帝以儒家思想統治漢人是很高明的一招，這不僅可以博得漢人知識份子的效忠，更可以淡化滿漢兩族的界線。

第二節　曾靜策反岳鍾琪與呂留良的民族思想

一、曾靜策反岳鍾琪

曾靜是湖南永興人，生於康熙十八年，爲一名鄉下的私塾教師，由於科舉並不如意，「身列青衿，考居五等」加以生活壓力大，漸漸對清政府不滿。有一次他到靖州應試，看到一本呂留良評點的《四書講義》，對書中「夷夏之防重於君臣之倫」的論點，大爲悅服，於是他開始認清滿漢的界限，種下他排滿復漢的思想。他爲了進一步充實排滿的理論，有意研讀呂留良的全部著作，乃派他的得意門生張熙到浙江崇德縣呂留良老家去訪求呂留良著作。張熙到浙江崇德縣呂留良老家時，已是呂留良死後四十多年了。呂家給了張熙不少的呂留良遺著，並介紹他去拜訪呂留良的門人嚴鴻逵以及其學生沈在寬。曾靜得到了呂留良的遺著之後，對於夷夏之防，更有心得了。曾靜的排滿思想，經過長期的孕育之後，漸漸成熟。雍正六年，他從途聽道說中，獲悉「川陝總督岳鍾琪乃是漢人民族英雄岳飛的後裔，而岳飛又是滿洲人祖先女眞人國家金的勁敵，而且雍正皇帝和這位握有兵權的岳飛嫡裔猜忌甚深」，於是曾靜乃異想天開，決意策反岳鍾琪起兵反清，俾能倒滿興漢。他決定派其學生張熙攜帶他所撰的策反遊說文去說服岳鍾琪。曾靜上書的內容，從雍正帝的駁斥中可以看出一些梗概。据陳捷先教授說（註二），曾靜上岳鍾琪書的要點是：

（一）曾靜等指說清朝的建立不是順天命、從民心，也不是道義之所當然的。

（二）中國是陰陽和合的地方，只應出生人類一種。不在中土出生的，當屬禽獸一類。

（三）投書人感慨先明君喪其德，民失其守，中原陸沉，夷狄乘虛竊據神器，乾坤反覆，地塌天荒，天下大亂不已。

（四）土田盡爲官户所收，富者日富，貧者日貧。以此歸咎當時君主。

（五）欲奉岳鍾琪爲主，稱岳飛爲皇祖，並認爲鍾琪的事是屈節盡忠於匪類。

（六）重申亡明之恨。

（七）指呂留良之偉大，認爲春秋大義，未經先儒講討，有明三百年無一人深悉其故，幸得東海夫子（按指留良）秉持撐柱，深爲可幸。

（八）強調可榮可辱，可生可死，而此義必不可失墜。

除了這些民族大義之外，曾靜在上書中也指控雍正帝罪惡九款：一曰帝謀害其父，蓋謂允禎以強迫得位，非康熙帝之眞意也。二曰帝偪母，即指佟太后之殉死也。三曰帝弑兄，謂允礽之死，係帝所陰殺也。四曰帝屠弟，即允異允題等之死於幽禁也。五曰帝貪財。六曰帝好殺。七曰帝耽酒。八曰帝淫色。九曰帝誅忠用奸。雍正帝也許做賊心虛，對這九款，極爲重視，在《大義覺迷錄》中逐條陳列「事實」，加以駁斥。

岳鍾琪閱讀曾靜的上書後，決定要嚴辦張熙教唆叛亂之罪，以便邀功於清帝。他知道張熙只是傳達上書的說客而已，幕後必定另有主使之人或陰謀叛亂集團，於是設計虛與委蛇，騙取張熙的信任而供出幕後的主使人。在張熙供稱其師曾靜受到呂留良民族思想之影響，而決心倒滿興漢之後，岳鍾琪乃密奏朝廷。雍正帝据報後，立即下令搜捕各地人犯。雖然曾靜被捕之後，坦承這件策反案由他一人單獨策劃，涉案的其他人確實不知情，更未參與。廷旨訊問曾靜而曾靜也很合作地寫了供詞。雍正帝從曾靜的口供中，發現該案並沒有政治背景，只是一位冬烘先生的突發奇想而已。不過，雍正帝也發現曾靜這位鄉下的老學究之所以要策反岳鍾琪實受呂留良民族思想之影響。滿人以少數民族入主中國，最怕漢人以民族主義爲號召，來推翻滿人政權，所以，對於提倡漢人民族主義，區別華夷者，非常痛惡。雍正帝發現「呂留良主張滿漢爲夷夏兩個不同的民族，而漢人對自己民族的認同，比對於清廷的忠順更爲重大」。這種「夷夏之防大過君臣之倫」的說法，對於滿人政權，自是一大潛在的威脅，如任令這種學說傳播下去，勢必造成漢人對滿人政權革命之後果，又感於明太祖朱元璋也是以漢人民族主義爲號召，才得以獲得廣大漢人的支持，終於推翻蒙人政權，光復華夏。基於以上的認識，雍正帝覺得有必要杜漸防微，毒草在初生之時，即予除根。所以，他對呂留良這枝毒草要予嚴厲清算，以期懲一儆百。在雍正帝的這種覺悟下，呂留良一家人及親友門生就難逃厄運了。

雍正帝允禎在雍正七年間，頒降了一道諭旨，痛詆呂留良，並强調其邪說影響極大。

二、呂留良的民族思想

呂留良，字莊生，號晚村，浙江崇德（石門）縣人，生於明末崇禎二年。順治十年呂留良二十五歲時，曾應試考取邑庠生（縣考及格的秀才），這個頭銜因嗣後十幾年，他拒絕再考舉人而遭取銷。他是曾靜策反岳鍾琪案爆發後，受到牽連的思想犯，也是該案最大的受害人。《大義覺迷錄》卷四稱：「逆賊呂留良者，悍戾兇頑，好亂樂禍，自附明代王府儀賓之孫（筆者按：呂留良的祖父呂熯娶了明朝淮莊王的女兒城南郡主），追思舊國，憤懣詆譏。」呂留良的民族思想，和其儀賓之孫的身分沒有什麼關係，如果他眞地「自附明代王府儀賓之孫」，則他在清兵入關，竊据中國時，就應有反清復明的表示了。可是他在清初不但不反清，還在順治十年參加縣試，考取秀才。可見，他「自附明代王府儀賓之孫，追思舊國」，並非事實，至少可以說，他的排滿思想，和「明代儀賓之孫」身分，並沒有多大的關係。誠如《大義覺迷錄》（卷四）所說的：「夫儀賓之後裔，於戚屬至爲疏賤，何足比數？且生於明之末季，當流寇陷北京時，呂留良年方孩童。本朝定鼎之後，伊親被敎澤，始獲讀書成立，於順治年間，應試得爲諸生。」經學者之研究（註三），呂留良的民族思想是他於三十歲以後，交結了對清軍抗戰的義勇軍領袖黃宗羲兄弟和高旦中等一班人而觸發的。

關於他在二十歲之後表現排滿思想一節，《大義覺迷錄》稱：「（呂留良）於順治年間，應試得爲諸生。嗣經歲科屢試，以其浮薄之才，每居高等，盜竊虛名，誇榮鄉里。是呂留良於明毫無痛癢之關，其本心何曾有高尚之節也。乃於康熙六年，因考校失利，妄爲大言，棄去青衿，忽追思明代，深怨本朝。後以博學宏詞薦，則詭云必死；以山林隱逸薦，則薙髮爲僧。按其歲月，呂留良身爲本朝諸生十餘年之久矣，乃始幡然易慮，忽號爲明之遺民。千古悖逆反覆之人有如是之怪誕無恥可嗤可鄙者乎？自是著邪書立逆說，喪心病狂，肆無忌憚。」經查包賚撰著的《清呂晚村先生留良年譜》，康熙五年，呂留良三十八歲那年，學使到嘉興考試士子，呂留良避不應試，故革去秀才。雍正帝所頒的《大義覺迷錄》顯然把他當叛亂犯來貶抑。如果，他學問不好，何能「嗣經歲科屢試，以其浮薄之才，每居高等」？如果他學問不好，爲何當地知府要推薦他應博學宏詞科？爲什麼要以「山林隱逸名士」薦舉他出仕？如果他熱中仕途，爲何要藉故拒絕博學宏詞和山林隱逸這兩項薦舉？於此，可見，他確是懷有民族思想而不願仕清的學者。由於曾靜策反案爆發後，呂留良的民族思想被清廷認爲是「禍根」，他的一切遺著被追查沒收，並在乾隆朝焚毀殆盡，要想從呂留良的全部著作中，研究其民族思想之全貌，已經不可能。如今，流傳的呂留良著作只是當時漏網的一些斷簡殘篇而已。不過，雍正帝閱過呂留良的著作後，大爲生氣，並在《大義覺迷錄》中針對呂留良的言論加以駁斥，所以，我們從《大義覺迷錄》所引用呂留良觀點，可以看出呂留良民族思想的大略情形。雍正帝說：「（呂留良）所著詩文以及日記等類或鐫板流傳或珍藏秘密，皆人世目所未經，意想所未到者。朕繙閱之餘，不勝惶駭震悼。蓋其悖逆狂噬之詞，非惟不可枚舉，抑且凡爲臣子者所不忍寓之於目，不忍出之於口，不忍述之於紙筆者也。今姑就其中數條略爲宣示內外諸臣，庶天下後世共知其譸張感憤之荒唐，犬吠狼嗥之忿戾，自生民以來，亂臣賊子罪惡滔天姦詐兇頑匪類盜名理學大儒者，未有如呂留良之可恨人也。其文集有云：『德祐以後，天地一變，亙古所未經。』又其行狀云：『有故人死於西湖，爲位以哭，壞牆裂竹，擬於西臺之慟。』又云：『將以小莊爲桃花源，爲不知有漢無論魏晉之人。』又云：『遂削髮爲僧，苟延性命，又辭山林隱逸之薦。』答友人書云『有人行於途，賣餳者唱曰，破帽換糖，其人急除匿，已而唱曰，破網子換糖，復匿之。又唱曰，亂頭髮換糖，乃惶。遽無措曰：何太相逼。留良之薙頂，亦正怕換糖者相逼耳。』又示諸子戒慶生辰云：『如其有重於生也，則偷息一日，一日之恥也。世有君子曰夫，夫也何爲至今不死也？則其僇嚴於鈇鉞又何慶之。有使以辱身苟活者爲慶，將置夫年不滿三十義不顧門戶，斷脰飛首以遂其志義者於何地也。』又日記內詩句云：『若論五百年間事，紫色蛙聲總正傳。』又云：『庥刺吉出城，送者塡塞飢渴，易爲飲食。如此觀我民，狼狽不知所歸，可憐可痛也。』又云：『李雯華亭人，甲申後入北幕，與史道鄰書，及下江南，詔皆其筆也。中有六合一而泰階平，禮樂興而干戈息之句。人傳嗤之。』又云：『沈天彝爲其妹求旌貞節，且云其尊公棄車先生遺命，不請有司之旌。予曰尊公之識高，其命正當尊也。棄車先生遭變後十餘年，閉門不見賓客，顛毛全好。天彝忽以酒灌醉，盡剃之。醒爲號痛而已。所著述將及棟，天彝盡取焚之，恐其有刺觸累己也。嘻！亦異矣。』又祭友人云：『斯文將喪，逆天者亡，顧我逆天，死反得後』等語。此即其梗化不臣，明目張瞻指我朝爲閏統，托吠堯以自文者皆此類也。夫呂留良食本朝之粟，履本朝之土，且身列膠庠，深被本朝之恩。何得視如仇敵而毫無顧忌，曾蜂蟻之不若乎？又文集有云：『人心惡薄日甚，即殺運所開聊避睹聞，竊恐不免。』又日記云：『吳三桂乞撤之語，甚有憤懣不平之氣，三桂老，不足慮，其下恐未必安。』又云：『滇中於甲寅元日寅時即王位，取四寅也。今按其時正彼中日食』云。又云：『董允□出其新作乃平平涼頌也。予不看曰先須改題目去首字改頌作歎。』又云：『吳三桂死，有吳國貴者立，清遣人往講，割雲貴罷兵。』又云：『聞閩亂爲范承謨激成，承謨亦死於閩。』又其行狀內云：『夙興夜寐，終日乾乾』等語。『夫普天之下，莫非王土，率土之濱，莫非王臣。呂留良於我朝食德服疇，以有其身家，育其子孫者數十年，乃不知大一統之義。平日之謂我朝皆任意指名，或曰清，或曰北，或曰燕，或曰彼中； 至於與逆藩吳三桂連書之處，亦曰清，曰往講，若本朝於逆藩爲鄰敵者然。何其悖亂之甚乎！且吳三桂、耿精忠乃叛逆之賊奴，人人得而誅之。呂留良於其稱兵犯順，則欣然有喜，惟恐其不成，於本朝疆宇之恢復，則悵然若失，轉形於嗟歎。於忠臣之殉難，則汙其過失，且聞其死而快意，不顧綱常之倒置。惟以助虐迎寇爲心，不顧生民之塗炭。惟以兵連禍結爲幸，何呂留良處心積慮，殘忍兇暴之至此極也？且乾乾夕惕，易經傳註，皆以爲人君之事，而其子孫公然以加呂留良之身不更肆且妄乎？』又云：『永曆帝被執時，滿漢皆傾心東宮，勒馬前行以鞭梢東指則東邊滿漢兵皆跪，西指則西跪，弒之日，天地晦霾，日月失光，百里之內，凡關壯繆廟皆被雷擊。』等語。查僞永曆朱由榔本竊立於流寇之中，在雲、貴、廣西等處。其衆自相攻剽劫奪，貽禍民生，後兵敗逃竄緬甸。順治十八年，定西將軍愛星阿等領兵追至緬城。先遣人傳諭緬酋，令執送朱由榔，否則軍臨城下，後悔無及。大軍隨至城下，緬人震懼，遂執朱由榔獻軍前，殺僞侯王維恭等一百餘人，於是全獲朱由榔眷屬以歸。此僞永曆之實蹟，乃中外之人所共知者。朱由榔窮蹙無歸，爲我朝滿漢大兵所共擒獲，豈有擒獲寇賊之人，轉於伊馬前行跪之理乎？其時之漢人兵丁亦恥而不爲之事，況於滿人乎？此等瞽說荒唐鄙謬，無中生有，不知何自而來也？至云關壯繆廟皆被雷擊，尤爲荒誕之甚。朱由榔之死，實係上天誅殛，而人力豈能強爲耶？

關聖帝君與雷神皆爲奉天司令之正神，何以有凡關廟皆被雷擊之事？於理亦甚爲不順，且本朝用兵以來，事事皆仰荷上天眷佑之恩，百神呵護之德。即如我兵之守永興也，士卒不過千人，賊以重兵相政，勢甚危急。蒙眞武之神顯化，神兵布滿巖谷，狂寇寒心褫魄，衆遂潰逃而散。此有御製碑文詳紀其事者，其克復雲南城也，則有金馬飛騰之兆，而逆寇即日蕩平，此皆見之志乘，萬目共睹之事，天下所共知者。然此不過舉一二事，而言其他不可枚舉。呂留良獨不聞之乎？總之，逆賊呂留良於本朝應有徵應之事蹟，則概爲隱匿而不書，而專以造作妖誣，欲快其私憤。伊之妄誕伎倆能逆天乎？又文集內云：『今日之窮爲羲皇以來所僅見』等語。夫明末之時，朝廷失政，貪虐公行，橫征暴斂，民不聊生，至於流寇肆毒，疆埸日蹙。每歲糜餉數百萬，悉皆出於民力，乃斯民極窮之時也。我朝掃靖寇氛，與民休養，於是明代之窮民咸有更生之慶。呂留良豈毫無耳目，乃喪心昧理顚倒其說，轉言今日之民窮乎？況逮我聖主愼重賞賚之盛德耳，而呂留良揑此浮言譏爲吝惜財物乎？

聖祖仁皇帝在位六十一年，除水旱賑恤外，特恩蠲免錢糧不下數百萬萬。此天下臣民所共知，豈吝主所能爲者。呂留良獨無耳目乎？忍心害理，可謂極矣。且呂留良誼屬臣民，而慢稱康熙，其悖逆無狀，何太甚矣。即此數條猖狂悖亂，已極放言橫逆之罪。況其他太甚之詞，尤足令人痛心疾首不共戴天。夫呂留良生於浙省人文之鄉，讀書學問初非曾靜山野窮僻冥頑無知者比，且曾靜祗譏及於朕躬，而呂留良則上誣聖祖皇考之盛德，曾靜之謗訕由於誤聽流言，而呂留良則自出胸臆，造作妖妄，況曾靜謬執中國夷狄之見，胸中妄起疑團，若不讀呂留良之書，不見呂留良之議論，蜂起快心滿意亦必有所顧忌而不敢見之文辭，是呂留良之罪大惡極，誠有較曾靜更爲倍甚者也。」

從以上雍正帝允禎指陳各點來看，呂留良確有强烈的漢人民族思想，處處表現亡國之痛，並且不願臣服於異族。不過，呂留良似乎是在無可奈何的情況下，哀思故國，不服異族之統治而已。當時文網嚴密，公然傳播民族思想，勢必罹禍，所以，他傳播民族思想，似乎只是在私人好友之間爲之或在日記中抒感。雍正帝舉列的呂留良不法言論，當然是犖犖大者。不就上述的所謂「犖犖罪狀」，以今日台灣言論自由之標準來看，實在也沒有什麼大不了。不過當時君主專制非常厲害，對於不利其政權之言論思想，刻意羅織罪狀，小題大作，把一些不妥當的言論，故意放大，視爲大逆不道，蓄意誅戮，以期懲一儆百。

平心而論，呂留良雖然具有民族思想，可是就現有資料來看，其民族思想，遠不如王夫之和曾靜之激烈。曾靜案發生後，清廷官吏搜集到的呂留良文字罪証，大多見之於他私藏的日記，公開流傳的部分只有他在《四書講義》中用夷夏之防高於君臣之倫來解釋『管仲忘君事仇』一節。其實衡諸今日的標準，這種解釋並未逾越言論自由的範圍，甚至可以說呂留良此項解釋乃是當時學界的通說（註四）

呂留良所處的時代，清廷已趨隱固，對於反清復明之志士，常藉文字獄予以殺戮，此種事例，爲數甚多，呂留良必定耳熟能詳。呂留良的侄兒宣忠因反清被殺，其子呂葆中也因牽連一念和尚謀叛案，憂懼而死，呂留良怎敢公然傳播漢人民族思想呢？何況，他的好友張考夫也時時提醒他，促他在言論上力避忌諱，以免罹禍，所以，呂留良實際上也不敢公然排滿反清。只能在其詩文中偶而透露一點亡國之痛而已。例如他在其題〈如此江山圖〉，有云：『其爲宋之南渡耶？如此江山眞可恥！其爲崖山以後耶？如此江山不忍視。吾今始悟作畫意，痛哭流涕有若是。以今視昔昔猶今，呑聲不用枚銜嘴。畫將羽西台淚，研入丹青提筆泚。所以有畫無詩文，詩文盡在四字。嘗謂生逢洪武，如瞽忽瞳跛可履。山川開霽故壁完，何處登臨不狂喜。胡爲犁眉覆踣詩，亡國之痛不絕齒，此曹豈云不讀書，眞是未明大義耳。興亡節義不可磨，只此一番不與亡國比，不特元亡不足悲，宋亡之恨亦雪矣。』《東莊詩存倀倀集》又〈錢墓松歌〉云：『其中（指元代）雖有數十年，天荒地塌非人間，……不妨架漏如許日，何況短景穹廬天！』（《眞臘凝寒集》）留良不承認元朝接續中國歷史，明朝光復華夏，可雪宋亡之恨而狂喜者也。從表面上來看，這是在哀傷宋之亡於元。其實是暗示明之亡於清，悲歎中國之亡於異族。

至於他評點的《四書講義》，雖有宣傳漢人民族主義的成分。可是呂留良生前並未公然刊刻其《四書講義》。呂留良死後三年，他的門人陳鏦（字大始）才整理《四書講義》，加以刊刻。但是流傳不廣，可能只在親朋好友之間流傳而已。所以雍正帝在《大義覺迷錄》中說：「呂留良所著書文以及日記等類，或鐫板流傳，或珍藏祕密，皆世人耳目所未經，意想所未到者。」

呂留良雖有嚴夷夏之防的強烈民族思想，在滿清文字獄的威嚇之下，不敢明目張膽地排滿，只能在其私藏的日記及詩文中，偶爾透露一些反夷狄的言論已而。反之，王夫之在《讀通鑑論》稱：

> 天下之大防二，華夏夷狄也，君子小人也……君子與小人所生異種，異種者其質異也，質異而習異，習異而所知所行蔑不異焉，乃於其中自有巧拙焉，所有殊方而不可亂。……
>
> 夷狄之於華夏，所生異地。其地異其氣異矣，氣異則習異，習異而所知所行蔑不異焉。

既然本質不同，行爲不同，所以他說：「戎狄者，欺之而不爲不信，殺之而不爲不仁，奪之而不爲不義。」「反對夷夏通婚，反對徙戎狄於塞內，並且認爲即使桓溫輩功成篡位，也比擁戴異族爲中國主人好。」（註九）詳見第五章第一節。

曾靜在其所撰《知新錄》中寫道：

天生人物理一分殊，中土得正，而陰陽合德者爲人，四塞傾險而邪僻者爲夷狄，夷狄之下爲禽獸。（《大義覺迷錄》卷一）

慨自先明，君喪其德，臣失其守，中原陸沉，夷狄乘虛竊據神器，乾坤反覆，地塌天荒八十餘年。天運衰歇，天震地怒，鬼哭神號。（同上）

如何以人類中君臣之義，移向人與夷狄大分上，用管仲忘君事仇，孔子何故恕之，而反許以仁。蓋以華夷之分大於君臣之倫。華之與夷乃人與物之分界，爲域中第一義。所以聖人許管仲之功。又云：「人與夷狄無君臣之分。」（同上卷二）

夷狄盜竊天位，染污華夏。如強盜劫去家財，復將我主人赶出在外，占踞我家。今家人在外者，探得消息，可以追逐得他。（同上）

《知新錄》內云：

天下一家，萬物一源。

又云：

中華之外四面皆是夷狄，與中土稍近者尚有分毫人氣，轉遠轉與禽獸無異。

《知新錄》內云：

中國人之詭譎，反覆無恥無狀者，其行習原類夷狄，只是惡亦是人之惡，天經地義，究竟不致掃滅。若是夷狄，他就無許多慮了，不管父子之親，君臣之義，長幼之序，夫婦之別，朋友之信。

《知新錄》內云：

夷狄侵凌中國，在聖人所必誅而不宥者，只有殺而已矣，砍而已矣，更有何說可以寬解。

以今日民族平等的眼光來看，王夫之所稱：「戎狄者，欺之而不爲不信，殺之而不爲不仁，奪之而不爲不義」云云，固然是偏激的大漢沙文主義，而曾靜主張：「華之與夷乃人與物之界，爲域中第一義」甚至主張「夷狄爲禽獸」，則更加偏激矣。

第三節　漢人民族思想之殘存

滿淸以軟硬兼施的辦法，澈底的消滅漢人士大夫的民族思想。所謂軟的辦法就是對士大夫採取懷柔政策，一面提倡儒家思想中的理學，表彰忠孝節義，以便士大夫向淸廷認同，同時開科取士，網羅知識份子，給予出仕之機會。另一方面，則對反淸人士施加高壓政策尤其是命令各地官吏，查緝反淸言論，大興文字獄，害得很多讀書人，家破人亡，甚至於抄家滅族，造成恐怖政治。士子人人自危，深怕言論罹禍。爲了遠離文字災禍，只好避免思想性的言論著作，改攻樸學，專事訓詁考据等工作。從此，士大夫或因受到清廷的攏絡或因受到文字獄之威嚇而不敢傳播漢人民族思想。幸虧，漢人社會中還有一群販夫走卒組成幫會，繼續傳播民族思想，漢人的民族思想傳播才未完全斷絕。

國父在〈民族主義第三講〉中說：「我們講到會黨，便要知道會黨的起源，會黨在滿清康熙時候最盛。自順治打破了明朝，入主中國，明朝的忠臣義士，在各處起來抵抗，到了康熙初年，還有抵抗的。所以中國在那個時候，還沒有完全被滿洲征服。康熙末年以後，明朝遺民逐漸消滅。當中一派是富有民族思想的人，覺得大勢去矣，再沒有能力可以和滿洲抵抗，就觀察社會情形，想出方法來結合會黨。他們的眼光是很遠大的，思想是很透徹的，觀察社會情形也是很清楚的，他們剛才結合種種會黨的時候，康熙就開博學鴻詞科，把明朝有智識學問的人，幾乎都網羅到滿洲政府之下。那些有思想的人知道了不能專靠文人去維持民族主義，便對於下流社會和江湖上無家可歸的人收羅起來，結成團體，把民族主義放到那種團體內去生存。這種團體的分子，因爲是社會上最低下的人，他們的行動很鄙陋，便令人看不起。又用文人所不講的言語，去宣傳他們的主義，便令人不大注意。所以那些明朝遺老實在有眞知灼見。至於他們所以要這樣保存民族主義的意思，好比在太平時候，富人的寶貝，自然要藏在很貴重的鐵箱裡頭。到了遇著强盜入室的時候，主人恐怕强盜先要開貴重的鐵箱，當然要把寶貝藏在令人不注意的地方；如果遇到極危急的時候，或者要投入極污穢之中，也未可知。故當時明朝遺老想保存中國的寶貝，便不得不把他藏在很鄙陋的下流社會中。所以滿洲二百多年以來，無論是怎樣專制，因爲是有這些會黨口頭的遺傳，還可以保存中國的民族主義。當日洪門會中，要反淸復明，爲什麼不把他們的主義保存在智識階級裡頭呢？爲什麼不做文章來流傳，如太史公所謂『藏之名山傳之其人』呢？因爲當時明朝的遺老看見滿洲開博學鴻詞科，一時有智識有學問的人差不多都被收羅去了，便知道那些有智識階級的人靠不住，不能藏之名山傳之其人，所以要在下流社會中藏起來，便去結合那些會黨。在會黨裡頭，他們的結納是很容易很利便的，他們結合起來，在滿洲專制之下，保存民族主義，是不拿文字來傳，拿口頭來傳的。」

不過，國父也指出，「到了淸朝中葉以後，會黨中有民族思想的，只有洪門會黨。當洪秀全起義之時，洪門會黨多來相應，民族主義就復興起來。洪秀全失敗以後，民族主義更流傳到軍隊，流傳到游民。那時的軍隊如湘軍、淮軍，多屬會黨。即如今日淸幫、紅幫等名目，也是由軍隊流傳而來。明朝遺老宣傳民族主義到下流社會裡頭，但是下流社會的智識太幼稚，不知道自己來利用這種主義，反爲人所利用。」

【附　註】

註　一　包賚著，《清呂晚村先生留良年譜》，頁一二九—一三〇。

註　二　陳捷先撰，〈岳鍾琪與雍正朝曾靜、張熙的文字獄案〉，《歷史》月刊第二期，頁五六。

註　三　同註一，頁一二。

註　四　一般學者都認爲管仲不爲公子糾殉難只是「不拘小節」，「相桓公，霸諸侯，一匡天下，民至于今受其賜。微管仲吾其披髮衽矣」則是「爲中國立了大功」。經查，清康熙御製《日講四書解義》〈論語篇〉也是這樣解釋的。參看該書第二冊，頁七四二—三。

第三章　清初三帝對漢人的政治教育

第一節　康熙帝玄燁標榜「以孝治天下」

滿清入關最初的兩位皇帝福臨和玄燁都自幼漢化，並且接納了傳統的儒家思想，尤其南宋理學家朱熹，最受玄燁的推崇，他不但把朱熹升入孔廟大成殿，列入十大聖哲之一，而且命理學大臣李光地等編纂《朱子全書》、《性理精義》等書，廣爲宣傳。根據美國印第安納大學東方研究中心清史研究員黃培在《雍正史之論》一書中說，（註一）：「康熙推崇朱熹理學的理由有三：第一，康熙個人對理學的興趣。康熙從五歲起就開始閱讀四書、五經、通鑑、性理等儒家經史，終生孜孜不倦地研究儒學，對於儒家的後起之秀程朱的理學大感興趣。由於朱熹所註解的四書五經自十四世紀以來，一直就是科舉士子應讀的標準本，康熙自幼熟讀朱註經史，當然受其影響；第二，清初學者都嫌惡陸、王的心學，偏愛程朱的理學，因爲王陽明的心學空談心性，無補於實際，導致明朝的衰亡；第三，理學標榜的三綱五倫，有助社會風氣之改善和政治穩定。雖然儒家思想也主張仁政，可是歷代統治者都利用儒家思想來做爲統治的工具，儒家思想强調「忠於君」，皇帝可憑以實行君主專制，更可爭取臣民的忠誠，也不虞臣民的叛亂；儒家也講孝，但是孝不僅要善事父母而已，對於全中國的大家長—皇帝更要盡大孝，甚至於爲君打仗時「戰陣」無勇也是不孝的。所以，康熙認爲儒家思想是治國所必需的。

厄伯哈寫道：

> 向來外族入主中原，都自感『文化水準低，人口少』，而不得不利用前一朝代的漢人，以便建立一個有效率的行政系統。……在另一方面，這些外族君主也都深知，完全接納儒家思想，等於採納了被征服者的全部文化價值，便於統治漢人。這些外族君主也都知道，他們的行爲模式若不完全符合儒家思想，漢人士大夫階層就會認爲他們是夷狄。（註二）

滿清入關後的幾個君王如攝政王多爾衮、順治帝及康熙帝都深知此一道理，所以，一面重用漢人，一面接納儒家思想。尤其是康熙帝更是利用新儒家思想——理學來做爲統治漢人的工具。

『康熙帝竭力標榜「以孝治天下」，宣揚「父爲子綱」。忠和孝是聯繫在一起的。孝本來是指善事父母，是從家族血緣關係引伸出來的一種道德觀念。《論語》說：「孝慈，則忠」，又說：「其爲人也孝悌，而好犯上者，鮮矣！」康熙帝和歷代統治者都標榜「以孝治天下」，其目的就是要在臣下和百姓中灌輸君父民子的思想，確立自己的君父地位。康熙欽定的《孝經衍義》，對「以孝治天下」的道理大加申述，〈聖諭〉十六條第一條就是「敦孝悌以重人倫」，把孝放在社會生活的首要地位，要求不分民族、不分兵民、不分性別、不分年齡，都講求孝道。孝道經過發揮和演義，擴展成爲生活中不莊重是不孝，作戰不勇是不孝，對官怠慢是不孝，對皇帝不忠也是不孝。總之，一切不利於統治者的言論和行爲，都是不孝。皇帝就是企圖通過提倡孝道，達到統治臣民、鎭壓臣民反抗的目的。

三綱中的「夫爲妻綱」，是維護和鞏固政權、族權、神權的手段。清朝從康熙以後，朝廷每年都要大力旌表夫死殉節、未婚守志之類的節婦，給根建坊，視爲常例。宣揚節義的目的，和宣揚忠孝是一樣的。忠孝節義是清王朝治國安邦的精神支柱。

康熙帝利用儒家學說來鞏固統治的做法，是起了作用的。在康熙統治時期，全國一統，這和他宣揚儒家理論，爭取漢族的支持與合作是分不開的。』（註三）

允禛即位爲雍正皇帝後更把〈聖諭〉十六條加以發揮衍繹，編成《聖諭廣訓》一書，頒行天下。這是「普天率土應一體講讀」的教條。不論文官武將，都要於每月初一和十五，向百姓、兵丁宣講，並要求他們用方言俗語，反覆析解，做到家喻戶曉的目標。童生參加考試時，必須默寫〈聖諭〉一節。清廷的用意顯然是要運用舊有的禮教來消除漢人僭越反叛的思想和行爲，以便利其統治。茲將玄燁〈聖諭〉十六條及允禎《聖諭廣訓》的主要內容簡述如後。

〈聖諭〉十六條是：

一、敦孝弟以重人倫
二、篤宗族以昭雍睦
三、和鄉黨以息爭訟
四、重農桑以足衣食
五、尚節儉以惜財用
六、隆學校以端士習
七、黜異端以崇正學
八、講法律以儆愚頑
九、明禮讓以厚風俗
十、務本業以定民志

十一、訓子弟以禁非爲

十二、息誣告以全善良

十三、誡匿逃以免株連

十四、完錢糧以省催科

十五、聯保甲以弭盜賊

十六、解讐忿以重身命

「詳讀〈聖諭〉十六條之後，我們可以看出，其中第一條至第三條，第九至十一條以及第十五、六兩條，在性質上是有關社會風氣的，第八條和第十二條至第十四條則規範人民和政府的關係，第四、五兩條涉及經濟活動，其餘各條則在約束知識份子。這些臣民守則固然在整治社會風氣，也是在對兵民灌輸政治教育。雍正帝允禎的《聖諭廣訓》也是針對這兩個目標去衍義的。玄燁、允禎父子都蓄意要强化治安，因爲自明朝末年起，政治騷亂轉劇，整個社會秩序，幾乎解體，清初諸帝不得不整飭治安，安定秩序。當然玄燁父子的用意在性質上也含有政治性，因爲社會穩定對於清朝所亟需的權威和合法性（Legitimacy）至爲重要。」（註四）

這十六條大清帝國臣民守則係康熙帝玄燁所頒，雍正帝允禎爲加强其對漢人的政治教育，以便其統治，特予加强。他把〈聖諭〉十六條的義理加以闡明發揮，編成《聖諭廣訓》一書，要使「服誦聖訓者，咸得曉然於聖祖牖民覺世之旨。勿徒視爲條教號令之虛文，而紹聞善述之模，亦亙古爲昭矣。是書簡帙雖約「義蘊實閎。方今布在學官，著於令甲。凡童子應試初入學者，並令默寫無遺，乃爲合格，蓋所以陶成民俗，祗服訓言者，法良意美，洵無以復加。」

允禎這一招實是利用中國正統的儒家學說，來促使漢人對滿人君父「效大忠，盡大孝」，漢人能夠勵行忠孝，當然也就不會反對滿人皇帝了。我們拿《聖諭廣訓》第一條來說吧！第一條本來只有「敦孝弟以重人倫」七個字，其義蘊經允禎發揮爲六百三十二字。

茲將原文抄錄如後：

敦孝弟以重人倫。我聖祖仁皇帝臨御六十一年，法祖尊親，孝思不匱，欽定《孝經衍義》一書，衍釋經文，義理詳貫無非孝治天下之意。故〈聖諭〉十六條首以孝弟開其端，聯丕承鴻業，追維往訓，推廣立教之思，先申孝弟之義，用是與爾兵民人等宣示之。夫孝者天之經，地之義，民之行也。人不知孝父母，獨不思父母愛子之心乎？方其未離懷抱，饑不能自哺，寒不能自衣，爲父母者審音聲察形色，笑則爲之喜，啼則爲之憂，行動則跬步不離；疾痛則寢食俱廢，以養以教至於成人，復爲授家室謀生理，百計經營，心力俱瘁，父母之德實同昊天罔極。人子欲報親恩於萬一，自當內盡其心，外竭其力，謹身節用，以勤服勞，以隆孝養，毋博奕飲酒，毋好勇鬥狠，毋好貨財私妻子。縱使儀文未備，而誠慤有餘，推而廣之。如曾子所謂「居處不莊非孝，事君不忠非孝，涖官不敬非孝，朋友不信非孝，戰陣無勇非孝」皆孝子分內之事也。至若父有冢子稱曰家督，弟有伯兄尊曰家長。凡日用出入事無大小眾子弟皆當咨稟焉。飲食必讓，語言必順，步趨必徐行，坐立必居下。凡以明弟道也。夫十年以長，則兄事之，五年以長，則肩隨之，況同氣之人乎？故不孝與不弟相因，事親與事長並重，能爲孝子然後能爲悌弟；能爲孝子悌弟，然後在田野爲循良之民，在行間爲忠勇之士，爾兵民亦知爲子當孝，爲弟當悌。所患習焉不察，致自離於人倫之外。若能痛自愧悔，出於心之至誠，竭其力之當盡由一念，孝弟積而至于念念皆然。勿尚虛文，勿細行，勿沽名而市譽，勿勤始而怠終。孝弟之道庶克敦矣。夫不孝不弟，國有常刑。然顯然之跡刑所能防，隱然之地，法所難及。設罔知愧悔自陷匪僻，朕心深爲不忍。故丁寧告誡，庶爾兵民咸體朕意，感發興起，各盡子弟之職，於戲聖人之德本於人倫，堯舜之道不外孝弟。孟子曰：「人人親其親，長其長而天下平。」爾兵民其毋爲具文焉。

這篇短文對於「孝順父母，友愛兄弟」的道理，說明得流漓盡致。文中並引用曾子的話說：「居處不莊非孝，事君不忠非孝，蒞官不敬非孝，朋友不信非孝，戰陣無勇非孝。」漢人既然重孝道，而講孝的人服事「君父」（即滿清皇帝）不忠，視爲不孝，蒞官亦非敬不可，替清廷打仗若不勇敢作戰，也是不孝。從這篇文章可以看出，玄燁允禎父子都是在對漢人實施政治教育，表面上是倡導孔孟學說，宏揚忠孝精神，其實是在利用漢人的正統思想，淡化或消弭漢人的民族思想，使漢人乖乖地接受滿洲人的統治，以免漢人懷著夷夏之見去圖謀反清復明。

清初諸帝利用儒家思想來統治漢人是很得計的。第一，清廷接納儒家思想以儒家的道統繼承人自居，並且加以推崇，拉近了滿漢兩族的歧異性甚至於令漢人感到滿人也是中國人，不以夷狄視之。允禎在他所頒的《大義覺迷錄》也引用，韓愈之言曰：「夷狄而中國也，則中國之，中國而夷狄也，則夷狄之。」當時，滿清的統治者，接受了中國正統的儒家思想，使用中國的漢字，中國的士大夫階級，即使仍然認爲滿清是異族，漢人對滿人的民族意識也不會很強烈的。黃培在《雍正史之論》第一九〇頁寫道：「就清朝而論，清廷以理學爲正統係基於另一個原因，那就是滿人以異族入主中國，清廷沿用明代的道統—朱熹的理學，來取得統治者的正統地位，以爭取漢人的效忠。」

統治的正當性是基於法統，而非道統，但是在夷狄不分的士紳階層裡，重道統而輕法統，誠如韓愈所說的：「夷狄而中國也，則中國之。」只要滿人敬重孔孟，接受中國文化之基礎的儒家思想，滿人是否夷狄已經是次要的問題了，於是漢人的民族意識漸漸薄弱，久而久之，也就認同滿清政府，而不再以「夷狄猾夏」爲論了。

第二由於明清時代，天高皇帝遠，滿清皇帝對於廣大農村地區的人民無法控制。眞正在治理鄉村的人是少數的士紳。這些讀書識字的少數知識份子，既已受到清廷的洗腦（Political indoctrination）而不再反清，廣大民眾，既以士紳的馬首是瞻，更無反清的思想和力量了。

一位學者對這種情形，敘述甚詳。他說：

我國自古有士農工商四種階級，然而工商業並不發達，所以工人與商人在社會上並無龐大勢力。我國以農立國，農民人數最多，但農民卻不能革命，革命是一種巨大艱難的工作，革命群眾須有相當的組織，又須有相當的餘暇和能力，以致力於革命運動。農民雖是一個階級，但是他們乃散處各地，沒有階級意識，不能團結，並且他們每天從事於過勞的工作，既無餘暇以修養自己的心身，又無餘暇以致力於革命運動，他們只能作無計劃的暴動，不能作有秩序的革命。而且，他們對政治一向冷感，溫飽無慮，即不致挺而走險，天災與苛政引起的暴亂，亦多屬經濟性掠奪，甚少政治企圖。因此，值得朝廷注意的只有士大夫。

中國古代的教育並未普及，知識仍只爲少數人所享受，所以知識份子甚受一般人民尊重，而具有對社會之影響力與領導力。士大夫之趨向常爲一般國民所景從，於是凡能收攬士大夫之心者，即所以安庶民之心，亦即對政權之鞏固。」（註五）

第二節　雍正帝允禎倡導世界主義

允禎除了繼續他老爸玄燁的那一套政治教育之外，更利用曾靜策反岳鍾琪案頒佈《大義覺迷錄》，對漢人推行其世界主義。允禎的世界主義主要見於他頒降的〈大義覺迷錄諭〉茲將該上諭節錄如后：

自古帝王之有天下，莫不由懷保萬民，恩加四海，膺上天之眷命，協億兆之懽心，用能統一寰區，垂庥奕世。蓋生民之道，惟有德者可爲天下君，此天下一家，萬物一體，自古迄今，萬世不易之常經，非尋常之類聚群分、鄉曲疆域之私衷淺見，所可妄爲同異者也。

《書》曰：「皇天無親，惟德是輔。」蓋德足以君天下，則天錫佑之，以爲天下君；未聞不以德爲感孚，而第擇其爲何地之人而輔之之理。又曰：「撫我則后，虐我則仇。」此民心向背之至情；未聞億兆之歸心，有不論德而但擇地之理。又曰：「順天者昌，逆天者亡。」惟有德者乃能順天，天之所與，又豈因何地之人而有所區別乎？我國家肇基東土，列聖相承，保又萬邦，天心篤祐，德教宏敷，恩施遐暢，登生民於衽席，偏中外而尊親者，百年於茲矣！夫我朝既仰承天命，爲中外生民之主，則所以蒙撫綏愛育者，何得以華夷而有殊視？而中外臣民既共奉我朝以爲君，則所以歸誠效順、盡臣民之道者尤不得以華夷而有異心。此揆之天道，驗之人理，海隅日出之鄉，普天率土之衆，莫不知大一統之在我朝，悉子悉臣，罔敢越志者也。

乃逆賊呂留良，兇頑悖惡，好亂樂禍，俶擾彝倫，私爲著述，妄謂德祐以後，天地大變，亙古未經，於今復見。而逆徒嚴鴻逵等，轉相附和，備極猖狂，餘波及於曾靜，幻怪相煽，恣爲毀謗。至謂八十餘年以來，天昏地暗，日月無光。在逆賊等之意，徒謂本朝以滿洲之君，入爲中國之主，妄生此疆彼界之私，遂故爲訕謗詆譏之說耳。不知本朝之爲滿洲，猶中國之有籍貫；舜爲東夷之人，文王爲西夷之人，曾何損於聖德乎？《詩》言「戎狄是膺，荊舒是懲」者，以其僭王猾夏，不知君臣之大義，故聲其罪而懲艾之，非以其爲戎狄而外之也。若以戎狄而言，則孔子周遊，不當至楚應昭王之聘；而秦穆之霸西戎，孔子刪定之時，不應以其誓列於《周書》之後矣。蓋從來華夷之說，乃在晉、宋六朝偏安之時，彼此地醜德齊，莫能相尚，是以北人詆南爲島夷，南人指北爲索虜。在當日之人，不務修德行仁，而徒事口舌相譏，已爲至卑至陋之見；今逆賊等於天下一統、華夷一家之時，而妄判中外，謬生忿戾，豈非逆天悖理、無君無父、蜂蟻不若之異類乎？

且以天地之氣數言之。明代自嘉靖以後，君臣失德，盜賊四起，生民塗炭，疆圉靡寧。其時之天地，可不謂之閉塞乎？本朝定鼎以來，掃除群寇，寰宇又安，政教興修，文明日盛，萬民樂業，中外恬熙，黃童白叟，一生不見兵革。今日之天地清寧，萬姓沾恩，超越明代者，三尺之童亦皆洞曉，而尚可謂之昏暗？乎天地以仁愛爲心，以覆載無私爲量，是以德在內近者，則大統集於內近；德在外遠者，則大統集於外遠。孔子曰：「故大德者必受命。」自有帝王以來，其揆一也。今逆賊等以冥頑狂肆之胸，不論天心之取舍、政治之得失，不論民物之安危、疆域之大小，徒以瑣瑣鄉曲爲阿私，區區地界爲忿嫉，公然指斥，以遂其昧棄彝倫、滅廢人紀之逆意；至於極盡狂吠之音，竟敢指天地爲昏暗！豈皇皇上天，鑒觀有赫，轉不如逆賊等之智識乎？且自古中國一統之世，幅員不能廣遠，其中有不向化者，則斥之爲夷狄，如三代以上之有苗、荆楚、玁狁，即今湖南、湖北、山西之地也，在今日而目爲夷狄可乎？至於漢唐宋全盛之時，北狄、西戎世爲邊患，從未能臣服而有其地，是以有此疆彼界之分。自我朝入主中土，君臨天下，並蒙古極邊諸部落，俱歸版圖，是中國之疆土開拓廣遠，乃中國臣民之大幸，何得尚有華夷中外之分論哉！從來爲君上之道，當視民如赤子；爲臣下之道，當奉君如父母。如爲子之人，其父母即待以不慈，尚不可以疾怨忤逆，況我朝之爲君，實盡父母斯民之道，殫誠求保赤之心，而逆賊尚忍肆爲訕謗，則爲君者不知何道而後可也。

從前康熙年間，各處奸徒竊發，動輒以朱三太子爲名，如一念和尚，朱一貴者，指不勝屈。近日尚有山東人張玉，假稱朱姓，託於明之後裔，遇星士推算有帝王之命，以此希冀，鼓惑愚民，見被步軍統領衙門拏獲究問。從來異姓先後繼統，前朝之宗姓，臣服於後代者甚多，否則隱匿姓名，伏處草野，從未有如本朝奸民假稱朱姓，搖惑人心，若此之眾者。似此蔓延不息，則中國人君之子孫，遇繼統之君，必至於無噍類而後已，豈非奸民迫之使然乎？況明繼元而有天下，明太祖即元之子民也，以綱常倫紀言之，豈能逃篡竊之罪？至於我朝之於明，則鄰國耳！且明之天下，喪於流賊之手，是時邊患四起，倭寇騷動，流賊之有名目者不可勝數，而各村邑無賴之徒，乘機劫殺，其不法之將弁兵丁等，又借征勦之名，肆行擾害，殺戮良民請功，以充獲賊之數；中國民人，死亡過半，即如四川之人，竟致靡有孑遺之歎，其偶有存者，則肢體不全，耳鼻殘缺，此天下人所共知。康熙四十五年間，猶有目睹當時情形之父老，垂涕泣而道之者，且莫不慶幸我朝統一萬方，削平群寇，出薄海內外之人於湯火之中，而登之衽席之上。是我朝之有造於中國者，大矣，至矣！至於厚待明代之典禮，史不勝書。其藩王之後，實係明之子孫，則格外加恩，封以侯爵，此亦前代未有之曠典。而胸懷叛逆之奸民，動則假稱朱姓以為搆逆之媒，而呂留良輩又借明代為言，肆其分別華夷之邪說，冀遂其叛逆之志，此不但為本朝之賊寇，實明代之仇讎也。

且如中國之人，輕待外國之入承大統者，其害不過妄意詆譏，蠱惑一二匪類而已，原無損於是非之公、倫常之大。儻若外國之君入承大統，不以中國之人為赤子，則中國之人其何所託命乎？況「撫之則后，虐之則仇」，人情也，若撫之而仍不以為后，殆非順天合理之人情也。假使為君者以非人情之事加之於下，為下其堪乎？為君者尚不可以非人情之事加之於下，豈為下者轉可以此施之於上乎？孔子曰：「君子居是邦也，不非其大夫，況其君乎？」又曰：「夷狄之有君，不如諸夏之亡也。」夫以春秋時百里之國，其大夫猶不可非，況我朝奉天承運，大一統太平盛世，而君上尚可謗議乎？且聖人之在諸夏，猶謂夷狄爲有君，況爲我朝之人，親被教澤，食德服疇，而可爲無父無君之論乎？

韓愈有言：「中國而夷狄也，則夷狄之；夷狄而中國也，則中國之。」歷代以來，如有元之混一區宇，有國百年，幅員極廣，其政治規模，頗多美德，而後世稱述者寥寥；其時之名臣學士，著作頌揚，紀當時之休美者，載在史册，亦復燦然具備。而後人則故爲貶詞，概謂無人物之可紀、無事功之足錄，此特懷挾私心，識見卑鄙之人，不欲歸美於外來之君，欲貶抑淹沒之耳！不知文章著作之事，所以信今傳後，著勸戒於簡編，當平心執正而論，於外國入承大統之君，其善惡尤當秉公書錄，細大不遺。庶俾中國之君見之，以爲外國之主且明哲仁愛如此，自必生奮勵之心；而外國之君見是非之不爽，信直道之常存，亦必愈勇於爲善，而深戒爲惡。此文藝之功有補於治道者當何如也！儻故爲貶抑淹沒，略其善而不傳，誣其惡而妄載，將使中國之君，以爲既生中國，自享令名，不必修德行仁，以臻郅隆之治；而外國入承大統之君，以爲縱能夙夜勵精，勤求治理，究無望於載籍之褒揚，而爲善之心，因而自怠，則內地蒼生，其苦無有底止矣！其爲人心世道之害，可勝言哉？

允禎在這篇諭旨中，力斥呂留良妄分華夏夷狄。他認爲大家都是中國人，誰有道德有才能，上天就會把對中國的統治權授予誰，而不管這個人出生於中國的那一部份。他舉例說：「不知本朝之爲滿洲，猶中國之籍貫。舜爲東夷之人，文王爲西夷之人。曾何損於聖德乎？詩言：『戎狄是膺，荆舒是懲』者，以其僭王猾夏，不知君臣之大義，故聲其罪，而懲艾之，非以其爲戎狄而外之也。若以戎狄而言，則孔子不當至楚應昭王之聘，而秦穆之霸西戎，孔子刪定之時，不應以其誓列於周書之後矣。」

允禎的這番辯解「似是而非」。滿洲人所建的「清帝國」乃是異民族所建的，也是漢人國家明朝的敵人。就明末的史實而論，滿洲並非中國的領土，怎麼能夠把滿洲和江浙、雲貴、川陝等地區同視爲中國之籍貫呢？

至於雍正帝允禎自比爲帝舜和文王，更是比喻不通。帝舜和文王均是華夏人（漢人）他們分別住在華東和華西地區，他們在血統、文字、生活方式及民族意識均和漢人一樣，而玄燁和允禎則不然，他們的血統、文字、生活方式、民族意識均異於漢人。最明確的証明是允禎及其他滿人均認爲他們是滿洲人，不是漢人，而呂留良、曾靜及其他漢人都認爲他們是漢人不是滿人，這兩個不同的民族意識已可以証明滿、漢爲兩個民族，並非一個民族之分駐於關內關外者，所以，允禎自比爲帝舜和文王，實在是引喻失義。可是允禎以大清帝國統治下的臣民均爲中國人，不分夷狄華夏，確是高招。

由住在華東中國人姚舜來做中國皇帝既然可以，由住在華西的中國人姬昌（文王）來做中國皇帝也可以，那麼，居住在中國東北的中國人愛新覺羅・允禎來做中國皇帝，不是一樣可以嗎？爲什麼中國人要反對東北方的中國人來做中國皇帝呢？「不分夷狄華夏，大家都是中國人」這就是中國傳統的世界主義。如果滿淸皇朝眞正做到「不分夷狄華夏」，一視同仁，大家都是中國人，大家都平等，那麼允禎這個提倡世界主義的中國皇帝也許會受到中國人的擁戴而留芳百世，可是他卻言行不一，嘴上說的都是華夷不分，大家都是中國人，一律平等，事實上卻是「滿人爲主，漢人爲奴」。他所說的「大家都是中國人」云云，只是要麻醉被壓迫的漢人，讓他們不要有漢人的民族思想而已。

其次，「自古帝王之有天下，莫不由懷保萬民，恩加四海，膺上天之眷命，協億兆之懽心，用能統一寰區，垂庥奕世。蓋生民之道，惟有德者可爲天下君，此天下一家，萬物一體，自古迄今，萬世不易之常經，非尋常之類聚群分、鄉曲疆域之私衷淺見，所可妄爲同異者也。《書》曰：『皇天無親，惟德是輔。』蓋德足以君天下，則天錫佑之，以爲天下君；未聞不以德爲感孚，而第擇其爲何地之人而輔之之理。又曰：『撫我則后，虐我則仇。』此民心向背之至情；未聞億兆之歸心，有不論德而但擇地之理。又曰：『順天者昌，逆天者亡。

』惟有德者乃能順天，天之所與，又豈因何地之人而有所區別乎？」

這一段話强調，那一個人「德厚能多」，就能得到天命爲中國皇帝。「誰能愛護人民，爲人民謀幸福，誰就適合當中國的統治者」這種見解雖有可取，不過，統治者應以這個國家人民的有能者爲限，外國人即使是「有德者」，也沒有資格統治這個國家。允禎在這篇諭旨的第七段，坦承他是以「外國之君入承大統」，並稱「明之天下，喪於流賊之手……幸我朝統一萬方，削平群寇，出薄海內外之人於湯中，而登之衽席之上」言下之意是說滿人之竊據中國是得之闖賊，而非侵略明朝。這個論點似是而非，中國內亂雖是事實，外國更不應利用中國內亂之機會，加以竊據。今日中共竊據大陸，政府播遷來台，如果蘇俄或日本出兵敉平中共的叛亂，日俄是否就有資格統治中國大陸呢？

允禎認爲滿洲人入主中原，征服四鄰成大一統之局，整個天下已成爲一個中國，凡是居住在清帝統治下的中國之國民，均爲中國人，不應有華夷之分。

他說：「蓋從來華夷之說，乃在晉、宋六朝偏安之時，彼此地醜德齊，莫能相尙，是以北人詆南爲島夷，南人指北爲索虜。在當日之人，不務修德行仁，而事徒口舌相譏，已爲至卑至陋之見；今逆賊等於天下一統、華夷一家之時，而妄判中外，謬生忿戾，豈非逆天悖理、無君無父、蜂蟻不若之異類乎？……自古中國一統之世，幅員不能廣遠，其中有不向化者，則斥之爲夷狄，如三代以上之有苗、荊楚、玁狁、即今湖南、湖北、山西之地也，在今日而目爲夷狄可乎？至於漢唐宋全盛之時，北狄、西戎世爲邊患，從未能臣服而有其地，是以有此疆彼界之分。自我朝入主中土，君臨天下，並蒙古極邊諸部落，俱歸版圖，是中國之疆土開拓廣遠，乃中國臣民之大幸，何得尚有華夷中外之分論哉！」如果雍正帝這種見解是對的，那麼，日本軍閥征服中國，統一東南亞時，我們中國人不但不應抗日，而且還應該讚揚日本皇軍爲我們開疆拓土。至於「明繼元而有天下，明太祖即元之子民也，以綱常倫紀言之，豈能逃篡竊之罪？」一節，更是荒謬。蒙古人的元帝國滅亡漢人的宋帝國。漢人當人可以起而革命，推翻異族政權，光復故國。如果雍正帝這種見解是對的，則聖雄甘地就不可反英而追求印度的獨立；金九、李承晚等韓國志士也不可反日而追求朝鮮的獨立，而　孫中山也不可「驅除韃虜，恢復中華」了。

世界主義，從表面看起來頗爲合理，可惜清廷言行不一。事實上，滿人仍是統治階級，漢人仍是被征服者，屈居二等或三等國民。

第三節　乾隆帝弘曆檢查全國圖書

玄燁、允禛兩位皇帝基本上承認滿漢界線的存在，只是強調滿漢平等，皇帝對各族唯才是用，一視同仁。例如雍正六年，允禛因蒙古八旗都統宗室滿珠錫禮奏「請以京營參將以下，不可專用漢人」；乃諭之曰：「從來治道，開誠布公，遐邇一體。若因滿漢而存分別之見，是有意猜疑，互相漠視，豈能爲治哉！天之生人，滿漢一理。其質材不齊，有善者，有不善者，乃人情之常；用人惟當辨其可否，不當論其滿漢。我太祖開國之初，即兼用滿漢，是以規模宏遠，中外歸心。蓋漢人中固有不可用之人，而可用者亦多；如三藩變亂之際，漢人中能奮勇效力，以及捐軀殉節者，正不乏人。豈漢人不可用？耶滿人中固有可用之人，而不可用者亦多；且滿洲人數本少，今僅補用中外緊要之官職，若參將以下之員弁，悉補用滿人，人數不足，恐無補授之人。又朕屢諭在廷諸臣，當一德一心，和衷共濟，不可各存私見。滿人當禮重漢人，毋故意相遠，常抱至公無我之心，去黨同伐異之習。蓋天下之人，必不可同，滿人長騎射，漢人長文章，西北之人，果決有餘；東南之人，穎慧較勝，朕不知滿漢之分別，惟知天下之大公。」（註六）

可是，弘曆繼位後，他的世界主義政策更加落實，在「滿漢一家，大家都是中國人」的口號下，不准臣民再區分漢滿，企圖消滅滿漢兩民族的界線。　國父在〈民族主義第三講〉說：「到了乾隆時代，連滿漢兩個字都不准人提起了，把史書都要改過，凡是當中關於宋元歷史的關係和明清歷史的關係，都通通刪去。所有關於記載滿洲、匈奴、韃靼的書，一概定爲禁書，通通把他消滅，不准人藏，不准人看。因爲當時違禁的書，興過了好幾回文字獄之後，中國的的民族思想保存在文字裡頭的，便完全消滅了。」

乾隆皇帝弘曆好大喜功，決心要把全國圖書編纂起來，成爲一部規模最大的官書，一方面可保存文獻，另一方面可藉此籠絡當時的漢人文士，使他們畢生埋首於著述，無暇他顧。的確，漢官的時間和精力都消耗於編寫這多達「三千四百七十種，七萬九千零十六卷，三萬六千零七十八冊」的《四庫全書》（共繕寫七部），那有暇裕去深思民族問題。更有甚者，清廷利用編纂《四庫全書》的機會，銷毀了數以千計的書籍，凡是直接或間接涉及漢人民族思想者均予銷毀。這樣一來，漢人的民族思想、就無法藉由書刊傳遞給下一代了。

清初諸帝運用科舉把有學問的漢人網羅去做官，這些吃清廷奶水的漢人，當然不會反清，何況，清廷還大興文字獄，用大逆不道罪去拑制漢人的思想言論，久而久之，無人傳播，漢人的民族思想也就漸漸消滅了。清代保存漢人民族思想的不是知識份子的著作，而是由販夫走卒之流的下階層漢人組成的幫會，如哥老會、洪門、三合會等。這些幫會份子傳播民族思想是口頭的，影響力很小，也不會受到清廷的注意。國父在〈民族主義第三講〉又說：「那些有（民族）思想的人知道了不能專靠文人去維持民族主義，便對於下流社會和江湖上無家可歸的人收羅起來，結成團體，把民族主義放到那種團體內去生存。這種團體的分子，因爲是社會上最低下的人，他們的行動很鄙陋，便令人看不起。又用文人所不講的言語，去宣傳他們的主義，便令人不大注意。所以那些明朝遺老實在有眞知灼見。至於他們所以要這樣保存民族主義的意思，好比在太平時候，富人的寶貝，自然要藏在很貴重的鐵箱裡頭。到了遇著强盜入室的時候，主人恐怕强盜先要開貴重的鐵箱，當然要把寶貝藏在令人不注意的地方；如果遇到極危急的時候，或者要投入極污穢之中，也未可知。故當時明朝遺老想保存中國的寶貝，便不得不把他藏在很鄙陋的下流社會中。所以滿洲二百多年以來，無論是怎樣專制，因爲是有這些會黨口頭的遺傳，還可以保存中國的民族主義。」後來，洪秀全及　國父從事反清革命時都曾利用過這些保存漢人民族思想的會黨。

關於乾隆帝弘曆飭修《四庫全書》的政治目的，專家學者紛紛指陳。例如：王五雲先生在〈續修四庫全書提要序〉就說過：「清高宗以異族入主中華，因其父祖對明末清初詆毀滿人之著作大興文字獄，尚不克收鎭遏之全功，乃採取表面溫和而右文之策略，分令地方大吏訪購遺書，藉以編纂曠代之《四庫全書》。於是由纂修文臣詳加審查，偶有違礙者即予全毀或抽毀。」

任松如在《四庫全書問答》（參看《中國典籍知識精華三卷》）也稱清高宗詔修《四庫

全書》，有下列的目的：

㈠關於本身者。康熙時有雍正與海陵陳氏易子之風說，故後世有謂乾隆帝似漢非滿之事。朝野流傳，必有記載之者。乾隆帝欲藉採集遺書之機會，湮沒此類不美之記載，其私意一

㈡關於宮闈者。宮闈之亂，至清初而極。雍乾之際曾諭內監等，國家政事，毋許妄行傳說，犯者正法。以前宮闈狎褻，傳至外間，亦必有記載之者。乾隆帝欲藉採集遺書之機會，湮沒此類不美之記載，其私意二

㈢關於宗室者。父子之變，兄弟之禍，骨肉之慘，亦至清初而極。宮中府中，有不得而盡秘者。流傳後世，醜莫大焉。乾隆帝欲藉採集遺書之機會，湮沒此類不美之記載，其私意三

㈣關於種族者。清以滿族入主中國，漢人反對，勢所必然。排滿學說，散布民間，爲清廷之大患。乾隆欲藉求書之名，行焚書之實，其私意四

不但此也，滿人知識程度之低，遠在漢人之下。乾隆帝欲集漢人數千年之書，俾滿人得偏觀而盡識，以增加其抵抗力，其私意五

㈤關於黨派者。乾隆即位以來，鄂爾泰、張廷玉兩派黨爭甚烈。鄂爾泰人頗方正，力持

大體。張廷玉人略圓通，陰承意旨。帝雖陽排朋黨，然始終實左袒張氏。編纂全書之議起，于敏中極力主張。劉統勳則極端反對。蓋劉得鄂之方嚴，于爲張之嫡派。乾隆卒用于議，下詔開館，抑方正而獎圓通，其私意六

(六)關於思潮者。乾隆帝對於編纂全書，又具有迎合當時思想界潮流之作用。當時思想界有三大趨勢

一厭宋學。宋學家空言義理，至明末而厭之者已多。清初標榜宋學者又多屈事北庭，愈失社會上之信仰，康雍兩朝雖極力獎勵，而終不能得多士之心。乾隆帝即迎合此潮流，開館編書以牢籠當時旭日初升之漢學派，其私意七

二厭類書。類書專供詞章家之採摭，不獨漢學家惡其蕪雜，即宋學家亦鄙其浮華。故當時實爲類書時代告終之期，而進於求讀原書之新時代。乾隆帝即迎合此潮流，彙集原書，以滿足讀書界之欲望，其私意八

三曰輯佚書。當時漢學家既一面研究經史，一面考訂古書。此外復耐舊類書中散見之各種古書採輯成帙，各還原本。故輯佚之風，披靡一時，乾隆帝即迎合此潮流，校辦《永樂大典》以收拾當時閉户著書之學者，其私意九

(七)對於明朝者。乾隆帝欲暴朱明之短，故搜集明代種種失德之記載，使之隨古人名著共

傳於後世，以永播其惡於人，其私意十

㈧對於清朝者。乾隆帝既一面宣傳朱明之過惡，又一面欲表揚清朝之盛大，使無關輕重之文字，亦得與古人名著並存而不朽，其私意十一

㈨出於好勝心者。唐之《藝文類聚》、《北堂書鈔》，宋之《太平御覽》、《冊府元龜》，明之《永樂大典》皆臣製也。既有康熙之《古今圖書集成》足以比擬前朝矣，乾隆乃欲結集一空前之大叢書。以期壓倒一切，其私意十二

㈩出於猜忌心者。當時學人經康雍兩朝慘酷文字獄之後，排滿之心，較前益烈。乾隆帝既屢舉博學弘詞以網羅文章之士，又開館修書以招致著書守道之人，使之耗精敝神於尋行數墨之中以安其反側，其私意十三。

至於乾隆帝禁燬書籍有多廣泛和澈底，我們從乾隆帝實施文化戒嚴的步驟和方法，就不難想見。

甲、禁燬標準之擬定

依照《禁書總目》之記載，乾隆決心清除不良的圖書典籍之後，承辦督撫，爲逢迎上意，苛細搜求，任意定其是非，於是四庫諸臣乃議定查辦違礙書藉條款，以爲辦理標準，茲錄數則於下：

㈠自萬曆以前，各書內偶有涉及遼東及女眞女直諸衛字樣者，外省一體送燬，但此等原係地名，並非指斥之語，現在滿州源流考內，亦擬考核載入，似當分別辦理，如查明實止係紀載地名者，應簽出毋庸擬銷，若語有違礙者，乃行銷燬。

㈡明代各書內，有載及西北邊外部落者，外省不明地理，往往概入應燬之處，但此等部落，俱明史韃靼瓦剌朵顏等傳所載，實無干礙，似應查明簽出，毋庸銷燬，若有語涉偏謬者，乃行銷燬。

㈢明末宏光年號，業經載入通鑑輯覽，其三藩記事本一書，載三王年號，亦已奉旨存，如書內有三藩年號字號，而別無違礙字句者，應查明簽出，毋庸銷燬。

㈣錢謙益、呂留良、金堡、屈大均等，除所自著之書，俱應燬除外，若各書內載之其議論，選及其詩詞者，原係他人採錄，與伊等自著之書不同，應尊照原奉諭旨，將書內所引各條簽明抽燬，於原板內鏟除，仍存其原書，以示平允，其但有錢謙益序文，而中並無違礙者，應照此書辦理。

㈤吳偉業《梅村集》曾奉有御題，其《綏寇紀略》等書，亦並無違礙字句，現在外省一體擬燬，蓋緣與錢謙益並稱江左三家，曾有合選詩集，是以牽連並及，此類應核定聲明，毋庸銷燬，亦並抽出存留。

㈥凡類事及紀載之書，原係門各為目，人各為傳，不相連屬，即有違礙，不過中間一門一傳，其餘多不相涉，不必因此概燬全書，應將其違礙之某門某傳查明抽燬，毋庸全燬。

㈦各違礙文集內，所有奏疏，現在遵旨將其中剴切可取者，另行摘存，其全部仍應銷燬外，至如專選奏議，如經濟文編之類，專載對策，如明元策之類，所載多自明初為始，似亦當分別辦理，應將其中有違礙字句各編查明抽燬，其餘仍應酌存，以示區別。

㈧凡宋人之於遼金元，明人之於元，其書內紀載事蹟，有用故國之詞，語句乖戾者，俱應酌量改，如有論偏謬甚者，乃行簽出擬銷。

乙、檢查的圖書不以明末清初出版者為限，「現在刊行」的圖書也應檢查。乾隆帝實施文化戒嚴的步驟是頒諭督撫曉喻人民放心獻書，依所獻多寡給予獎賞或價購，即使所獻圖書內容不妥，決不怪罪，並派官府的佐雜教官，利用其與士人親近之機會，搜查民間私藏圖書。可見，乾隆朝的文化戒嚴，如何地週密。

丙、各徵收之圖書，由官吏檢查，凡有違礙之書籍，則先彙送各府、卅、廳、縣及各學校教官，以便不時檢查，而翰林院專司復檢，彙呈銷燬之責，則屬軍機處。

至於乾隆帝禁燬書籍之後果，學者也多加批評。

趙錄焯氏便在其所著〈清高宗之焚燬書籍〉一文謂「自乾隆三十七年開四庫館以來，一面獎勵私人之進書，一面嚴飭督撫，比戶株求，以維持世道人心之大義相號召，舉凡明清之際之重要史科，務期淨盡。其禍之烈，實蔑以加。歷來典籍逢劫於朝代遞嬗之際，或兵戎之間，猶有時間地域之限。與高宗之設官定制，以十數年之時間，專力以赴，有心為之者，迴不侔矣。故《四庫全書》謂為清帝逞兇殘之遺跡也可，謂為銷毀書籍之殘餘亦可」（註七）

許文淵先生也說：

乾隆當時之查核圖書，排滿學說，固然不能例外，然其緝禁之目標，要以涉及明清史實之著述，以及古來詆毀夷狄之文字為其重心。考圖書之禁毀，自古有之。秦始皇之燒燬六國史書，查禁民間私藏，以及隋煬帝之焚緯，皆即其中顯著之例，此後歷朝亦各有之。其間緝禁之動機，大抵不外乎思想之統馭，淫詞邪說之戢止，以及消滅一切不利於帝王之記載各端而已。乾隆之禁書，大體亦復如此，然亦有其特殊處。當時之禁毀涉及明清史實，以及詆毀清帝之各種記載，並竄改抽撤數千年來漢人詆毀夷狄之文字等，雖亦屬政治作用之範疇，然其動機實導因於民族意識之自發。辦理四庫全書四十三年檔所謂「譬之常人，設遇詬其祖宗之字，亦將泚而不視？而況國家乎？而況食毛踐土之臣民乎」者，乃乾隆自述之證詞，以故四十六年檔即有務使「犬吠狼號，根株淨潔」之語，其時寓禁於徵之目的，於此可以了然矣。當時遺書經館臣檢核簽識之後，視其語意輕重，字句多寡，少則抽刪潤改，重則焚毀查禁。抽毀之中，有改易字句，抑或酌改一二語者。有削去違礙文字者。有刪去數篇以至數卷者。亦有原已抽毀，復因書既不全，更將全部銷毀者。更有因殘缺不全，無可採取而銷毀者。當時查緝條例之周密，抽篇章、挖改文字之激烈，其課程之緊，執意之深，迴非前代所可比擬。』（註八）

從現存的《四庫全書》來看，乾隆帝弘曆之徵書審查，確實做得很澈底。由於滿洲統治者以其立場爲衡量之標準，凡是涉及漢人民族思想者，一律以「議論偏謬」爲由，予以銷毀或竄改，漢人對滿洲少數民族之貶詞，固然不能漏網「宋人言遼金，元明人言元，也在議毀之例」，甚至於古今圖書上有「夷」字或「狄」字者均改爲「彝」字和「敵」字。弘曆審查全國所有圖書如此嚴格和澈底，漢人民族思想消滅淨盡，後世漢人讀書如何懂得其民族思想，而加以發揚光大呢。

【附　註】

註　一　Huang, Pei, *Autocracy at Work : A Study of the Yung-Cheng Period,*

1723-1735, Bloomington & London, Indiana University Press, 1974, PP. 188-189.

註　二　Wolfram Eberhard, *Conquerors and Rulers: Social Forces in Medieval China*, Taipei, Tsung Ching Book Co., 1978, PP. 126-127.

註　三　《中國史常識（明清篇）》，頁一九四。

註　四　同註一，頁一九一—二。

註　五　胡健國撰，前揭文，頁三一。

註　六　蕭一山著，《清代通史》卷上，頁七四。

註　七　許文淵撰，《清修四庫全書之目錄學》，國立政治大學中國文學研究所碩士論文，六十四年，頁一八—九。

註　八：同上，頁一七—八。

第四章　滿漢間的不平等

第一節　民地位之不平等

滿人是征服者，當然自認他們是優秀的民族，爲了防止被漢人同化，所以，一開始就嚴禁滿漢通婚，甚至於分區居住。滿洲八旗官兵奉令駐防京畿及各省省會，官兵攜眷同住營區，滿人駐防京畿者，離城不得超過四十里，駐防省會者，不得離城二十里，每日外出採購物品的旗人，以二人爲限，以免滿漢混雜。（事實上，後來，滿漢還是部分地混雜了。）這種種族隔離政策在今日世界極爲少見，即使是南非的種族隔離政策，也已在時代潮流的衝擊下崩潰了。

其次，滿漢裝束互異，漢人束髮—既不剃邊，也不下垂，而只是盤在頭頂上；而滿人辮髮，即先把頭頂四週的頭髮剃光，只留下頭頂當中的一撮，然後結成辮子，垂於背後。滿清强令漢人剃髮，而成爲滿人模樣。姑不論束髮和辮髮，那一種好看，滿清强令漢人裝成滿人模樣，無異爲對漢人之永恆侮辱。

順治二年上諭：「江南之定，皆豫親王與諸將同心報國所致，各處文武軍民，自應盡令薙髮，倘有不從，軍法從事！」同年又再下令：「向來薙髮之制，所以不即劃一，所令自便，蓋欲天下大定，始行此制。今者天下一家，君猶父也，父子一體，豈容違異？自今以後，京師內外，限旬日；直隸各省地方，自部文到後，亦限旬日，盡令薙髮。遵依者，爲吾國之民；遲疑者爲逆命之寇。若惜愛規避，巧言爭辯，決不寬貸！」當時盛傳「留頭不留髮，留髮不留頭」，可見，滿清下令剃髮確是雷厲風行，而漢人受不受辱更是生死悠關。因不甘受辱起而反抗，遭屠殺者，爲數甚多。揚州屠殺十天，死了八十萬人，嘉定三次屠殺也死了二十萬人，江陰屠殺則死了九萬七千人。

從此，漢人也就和滿人一樣，腦袋後面留著一條豬尾巴，備受洋人的嘲笑和揶揄， 國父在夏威夷上學時，就因同學嘲弄他的辮子而和同學打架。這種代表滿人強加於漢人的侮辱，一直到清末才告解除。

國父孫中山先生於民國元年三月五日擔任臨時大總統時曾飭內務部曉示人民一律翦辮，令內開：「滿虜竊國，易我冠裳，强行編髮之制，悉從腥羶之俗。當其初高士仁人，或不屈被執，從容就義；或遁入緇流，以終餘年。痛矣先民，慘罹荼毒，讀史至此，輒用傷懷！嗣是而後，習焉安之，騰笑五洲，恬不爲怪。矧茲縷縷，易萃黴菌，足滋疾癘之媒，殊爲傷生之具。今者滿廷已覆，民國成功，凡我同胞，允宜滌舊染之污，作新國之民。茲查通都大邑，翦辮者已多，至偏鄉僻壤，留辮者尚復不少，仰內務部通行各省都督轉諭所屬地方一體知悉，凡未去辮者，於令到之日，限二十日一律翦除淨盡；有不遵者，違法論。該地方官毋稍容隱，致干國紀。又查各地人民，有已去辮尚剃其四周者，殊屬不合，仰該部一併諭禁，以除虜俗，而壯觀瞻。」

清廷除了嚴禁漢人和蒙人、回人、藏人通婚及雜居之外，還爲了滿人的特殊利益而劃了很多禁區。錢穆在其《中國歷代政治得失》第一四三頁寫道：「（滿清把中國當做它的私產，實施君主專制），在這種私制度之下，最壞的還是他們自己心虛，要替自己留一個退步，就留在關東三省。清政府把關東三省劃成禁地，不許漢人出關。滿洲人是吉林長白山外松花江畔很小的一個部族，滿洲並不就是東三省。遼河東西兩岸，秦以前就已經是中國的土地。戰國時代屬於燕。秦始皇築萬里長城，東邊直到大同江。無論如何，清代奉天一省，兩千年前，早就是中國的。兩千年來，也一向是中國的。清代把它劃出去，做他們的禁地，不許中國人出關。直到光緒末年，河北、山東人纔可以出關開墾。當時的台灣，也劃爲禁地。因爲台灣由鄭成功經營以後，還不斷有人造反，因此不許福建人私渡。這是爲了管理不易，和關東三省的留做退步者不同。第三個禁地是今天的察哈爾和綏遠。這也是中國地方，清朝又把它劃成爲禁地，不許添住一戶家，也不許多墾一畝地。因爲這些地方接近蒙古，他們的目的，要把蒙古人和漢人隔開，不使相接觸。這也到了光緒末年才開禁。第四個禁地是新疆。因此地土壤肥沃，尙未開闢，他們要留作滿洲人的衣食之地，希望滿洲人能到那裏去，故不許中國人前往。直到左宗棠平定回亂以後，禁令始弛，漢人纔能隨便去新疆。由於滿洲人這些私心的法術，在中國境內無端劃出許多處禁地，形成許多特殊區域。所以這些地方，有的是荒落了，有的則開發得特別遲。」

清初諸帝都精通經史，熟悉歷代政治得失，並能吸取歷史教訓。例如清廷鑑於歷代宦官之禍，而嚴禁宦官干政；又鑑於元朝覆滅後元順帝還能逃回蒙古，所以清廷在統治中國時，也有狡兔三窟的打算。即：萬一清廷被推翻，他們還可以退回東北，甚至蒙、新。清廷這樣的私心，不僅造成民族間的不平等，而且也阻礙了邊疆少數民族的漢化，爲今日外蒙、回疆、西藏紛紛醞釀分離運動的禍根。

第二節　政治地位之不平等

滿人是征服者，漢人是被征服者，政治大權由滿人掌握，乃理所當然。廢宰相直轄六部勵行君主專制者是漢人政權的明朝，滿清入主中原，中央政制承襲明朝，殊少更易，所以，滿清皇帝也是直轄六部，勵行君主專制。清初，皇帝的主要助理計有議政王和議政大臣兩種，議政王必須是皇親貴冑，漢人當然不能擔任，議政大臣也只有入關之初，重用二位漢人而已。

史家柏楊說：「滿洲人仿效明王朝的模式，建立了一個絕對專制的極權體制，整個中央政府，不過是皇帝發號施令的傳達室。全體官員，不過是皇帝私人的秘書和傳令兵。中央各部，每部設兩個部長（尚書），一滿一漢。常務副部長（左侍郎）二人，政務副部長（右侍郎）二人，也是一滿一漢。六個人名義上雖各有職責，事實上每個人都握有直接給皇帝上奏的權力，誰也管不了誰，所以各部等於有六個部長，也等於有六個皇帝的秘書，一切都由皇帝裁決。而各部的任務，也只限於辦理皇帝交辦的事情，不能像十一世紀宋王朝之前那些王朝的中樞機構一樣，可以主動的對地方政府頒發命令。清政府的體制跟明政府的體制至少有一點完全相同，那就是有權對地方政府頒發命令的只有一個人，就是高高的坐在寶塔尖上的皇帝。清廷嚴厲的禁止滿漢通婚，並盡可能排除漢人擔任高級軍官。在行政管理上，它不能不用漢人，但在滿洲人的眼睛裡，漢人只是乞丐，由滿洲人賞碗飯吃而已，連他們的奴隸都不如，也不賦給漢人權力。就在本世紀（十七），漢人宰相見了滿人宰相，漢人部長見了滿人部長，都要下跪。會議的時候，滿人宰相部長昂然上座，漢人宰相部長跪在他們的旁邊，滿洲人不開恩叫他們起來，漢人不敢起來。有時候滿洲人談的高興，忘記開恩，年老的漢大臣跪的太久，甚至仆倒在地。滿洲人的想法是，用強大的壓力，培養漢人對滿人的順服奴性，直到永遠。」（註一）

京官編制，清廷實施「一職兩缺」制，每一個職位由滿、漢各一人擔任，以示滿漢平等，可是實際上，由於種族意識，皇帝總是比較信任滿人，加以，滿人遍佈整個中央行政系統，構成强而有力的行政控制，漢官在事實上只是同職位的滿官之副手而已，並無實權。儘管清帝揚言滿漢平等，但是漢官均不敢和滿官爭權。即使滿漢官員出席會議，漢官多是列席備詢，而非出謀定計，更非決策。

康熙以後，滿漢品級，多已相同，滿官以統治民族之故，列銜在前，「凡指麾一切者，謂之當家，部事向皆滿尙書當家，漢尙書伴食而已，四侍郎則更不事事，有半月不入署者，若管部爲滿大學士，或漢人而兼軍機，則實權在管部，若漢大學士管部，尙書則滿人而兼軍機，則管部絕不過問，蓋視乎地位勢力而有異同也……非當家之堂官，值司官來請畫稿，不敢細閱，謂之畫黑稿，故有任堂官數年而不知部事爲何物者。掌印，佩司印之鑰也，其事爲至榮，皆旗人，恆以繡荷包佩腰間以自表異，雖尙有幫掌印，掌印未至，印不得啓，漢人終身無佩印鑰者，有之，則在丙午後矣，主稿率以漢人充之。」（註二）滿員掌印，乃所以示權柄在握，漢員主稿，實負任事之勞苦，仁宗曾謂：「歷來各衙門印鑰皆係滿尙書佩帶，凡以班次優崇，俾資統攝也」（註三）。

據蕭一山說：「清初地方官，撫司以下，間用漢人，總督則歷世不多覯。蓋地方之政權軍柄，皆在總督一人之手，非我族類，不敢苟託。惟滿人中既少治平之才，復多貪黷之輩，是以爲政施治，其弊亦甚著。順康之時，有侃侃直陳時務，以申論滿漢偏見之不當者，如儲方慶殿試策有云：『今自三公九卿，爲陛下之疑丞輔弼者，莫不並列滿漢之名，督撫大臣，則多寄於滿人，而漢人十無二三焉，其意不過謂國家受命之地，其皆與國休戚，非若漢人强附以取功名者，故信滿人之心，常勝於信漢人。』又云：『陛下既爲天下主，即當收天下才，供天下用，一有偏重於其間，臣恐漢人有所顧忌，而不敢盡忠於朝廷，滿人又有所憑藉，而無以取信於天下矣。』（兩策語見周壽昌《思益堂日札》卷五）。清廷雖不能因是以醫其偏見，而固不以言者之侃直爲怪，則當時之情勢，蓋有不可諱者也。弘曆即位之初，對於漢滿畛域，亦力示無芥蒂存於其心，可是右滿外漢如故。乾隆八年御史杭世駿時務策有曰：『意見不可先設，畛域不可太分。滿洲賢才雖多，較之漢人，僅什之三四；天下巡撫，尙滿漢參半，總督則漢人無一焉，何內滿而外漢也？三江兩浙，天下人才淵藪，邊隅之士，間出者無幾。今則果於用邊省之人，不計其才，不計其操履，不計其資俸，而十年不調者，皆江浙之人，豈非有意見畛域？』觀於此，則弘曆畛域之見，實較順康之時，更爲顯著。（註四）

清廷對待官員顯然因親疏有別而輕漢重滿。所以蕭一山先先曾言：「滿漢一體，並無歧視，清自開國以來，以是二語爲口頭禪，然其處事設心，固未嘗不右滿而外漢也。」（同上）。

清朝中業以後，八旗腐化，平定變亂，端賴漢兵漢將，尤其是平定太平天國之亂、捻亂和回亂，端賴曾國藩、曾國荃兄弟的湘軍，李鴻章的淮軍，左宗棠的「楚軍」（也是湘軍）……於是，政治權力，才漸漸移到漢人手中。

關於滿漢政治地位之不平等，不僅是漢人憤恨不平，滿人自己也看不過去。例如滿洲人國子監祭酒（國立大學校長）盛昱就說過：「八旗之人，不及漢什佰分之一，八旗之京官卻多於漢人數倍，荒陋貪鄙，動爲人笑。筆帖式，旗官之初階也，近者乃不由學而由捐。黃口乳臭，目不知書，司候堂官，有同奴隸。浸而升司官，浸而放道府，甚而長封疆，長臺閣。內患之所由起，外侮之所由來，孰非此輩階之厲哉？」（註五）

反清革命烈士鄒容在《革命軍》一書中，對這種滿漢政治地位不平等，大加抨擊，引起知識份子的共鳴，爲反清革命運動火上加油。鄒容說：「滿洲人在中國，不過十八行省中最小一部分，而其官於朝者，則以最小部分敵十八行省而有餘。今試以京官滿漢缺額觀之。自大學士侍郎尙書滿漢二缺平列外，如內閣，則滿學士六，漢學士四，滿蒙侍讀學士六，漢軍漢侍讀學士二。滿侍讀十二，漢侍讀二，滿蒙中書九十四，漢中書三十。又如六部衙門，則滿郎中、員外、主事缺額約四百名，吏部三十餘，戶部百餘，禮部三十餘，兵部四十，刑部七十餘，工部八十餘。其餘各部堂主事皆滿人，無一漢人。而漢郎中、員外、主事缺額不過一百六十二名。每季縉紳錄中，於職官總目下，只標出漢郎中、員外、主事若干人，而漢滿缺則不言，殆有不能明示天下之隱衷。是六部滿缺司員，視漢缺司員而三倍，筆貼式尙不在此數。而各省府道實缺，又多由六部司員外放。何怪滿人之爲道府者布滿國中。若理藩院衙門，則自尙書侍郎迄主事司庫，皆滿人任之，無一漢人錯其間。其餘掌院學士、宗人府、都察院、通政司、大理寺、太常寺、太僕寺、光祿寺、鴻臚寺、國子監、鑾儀衙門諸缺額，未暇細數。要之滿缺多於漢缺，無一得符平等之義者。……至於科舉清要之選，雖漢人居十之七、八，然主事則多額外，翰林則益清貧，補缺難於登天，開坊類於超海。不過設法虛縻之，戢其異。又多設各省主考學政及州縣教育等職，俾以無用之人，治無用之事而已。即幸而億萬人中，有竟至大學尙書侍郎之位者，又皆頭白齒落，垂老氣盡，分餘瀝於滿人之手。然定例，漢人必由翰林出身，始堪一拜，而滿人則無論出身如何，均能資兼文武，位裁將相，其中蓋有深意存焉。」已故的國學大師錢穆加以評論地說：「鄒容這一番話，眞描出了清代部族政權之實相。中國考試制度之用意，本在開放政權，選拔眞才，來分配於政府各部門。現在清代的部族政權，既絕無意於政權開放，則考試只成爲羈縻牢籠之一術。換言之，只讓漢人們也嘗到一些甜頭，開放政權之一角落，作爲一種妥協之條件而止。」（註六）

第三節　經濟上的不平等

滿洲征服者基於「普天之下莫非王土」的私天下觀念，把全國土地視同滿清皇帝的私產，對於近畿土地，不管官有地還是私有地，有無所有權人，在所不同，任意「沒收」（不是給價徵收而是無償沒入充公），分配給於滿人。依照史家的記載（註七）：

滿洲貴族入關後，强占田地，圈以標誌。一六四四年（順治元年）十二月，福臨頒布圈地令說：近京各州縣漢族百姓無主荒田和明朝皇親國戚、達官貴人等死於戰亂者田地甚多。若本主還活著，按人口給點土地，其餘田地全部撥給滿族諸王，勛臣和八旗兵丁人等。其後，進關的滿族官員和兵丁人數增多，原來圈占的房屋土地不夠分配，清政府於是不論有主無主，肆意大規模地圈占。僅兩三年的時間，就在近京五百里內，東起山海關，西到太行山，南至河間，北至長城廣大地區內，進行了三次大規模的圈地，共圈占田地二百七十七萬七千七百五十二晌。當時一晌約六畝，共計十六萬六千六百六十五頃。許多州縣百分之七八十的田地被圈占，殘留的是一些薄鹹欠收，旱澇無常的貧瘠土地。

凡圈地所到之處，主人立即被趕走，房屋田產全被搶奪。整村整莊的漢族人民喪失了田地房屋，離開世代生息的故鄉，大批地逃亡轉徙。他們飢寒交迫，無處棲身，被迫起而反抗。順天、永平、保定、河間、承德等府圈占土地房屋的地方，無處不有漢族人民各種形式的反抗，遭到清軍的鎮壓。

清政府把所圈占的土地，按等次分撥給內務府、八旗王公、勛臣貴族、各級官員以至兵丁。內務府是任意挑選，王公貴族是按爵位高低給以莊地園地外，又按屬下壯丁人數「計丁授田」。官員分給園地和壯丁地，兵丁則只分給壯丁地。這些被圈占的土地，叫做「旗地」。

旗地的經營方式，仍然沿襲入關前的舊制，設立皇莊（官莊）、王莊、官員莊田和八旗兵丁份地，役使「壯丁」各「投充人」編莊生產。「壯丁」除關外遷移入關的舊有奴僕（叫

「東人」或「盛京隨來陳壯丁」）外，主要是强迫漢人「投充」。

所謂「投充」，指的是滿清統治者用威逼、恐嚇等方式强迫失去土地，飢寒交迫的漢族人民投入滿族勢要門下，爲其耕田種地和供其役使。他們一經「投充」，就變成滿族統治者的農奴，如同奴僕。也有少數漢人因爲不堪統治者的敲榨勒索，唯恐田地房屋被圈占，他們被迫帶地投充，以求得滿族官員的政治庇護。

「投充人」的總數，據當時的統計大約有四五萬人。「投充人」和東北遷來的「壯丁」、俘虜、置買奴僕合起來的奴僕隊伍，在北京附近就有近四十萬丁，連同他們的家屬，有一百幾十萬人。清朝統治者將他們按莊編制，每十名「莊丁」爲一莊，選一人爲莊頭，領地七百二十畝至七百八十畝，强迫他們進行生產。

官莊和王莊的剝削方式，主要是定額租制，即强迫「壯丁」交納一定數量的實物和負擔繁重的差役。盛京地區每莊耕種一百二十晌（七百二十畝）地，每年納糧三百六十倉石，合每畝納糧五斗，還要上繳數量很大的麻、豬、鴨鵝、草等實物。北京附近頭等莊每年納糧三百倉石，二等莊二百四十石，三等莊一百五十石，四等莊一百二十石，另外要負擔車馬人夫的雜泛差役，以至到深山僻野採蜜伐木，捕捉水獺。後來，規定糧食和差役一律折變成銀兩計算，繳銀的數字是：頭等莊四二四兩，二等莊二九五兩，三等莊三三一兩，四等莊二四七兩。折變的結果，實際上又加重了剝削量。

八旗官員和少數兵丁也占有土地和戶下人，地多人多的官員莊田是編莊生產，地炒人少的兵丁則按丁數强迫戶下人繳糧和從事雜役，剝削也相當慘重。

這些從事生產勞動，遭受剝削的「壯丁」、俘虜，「投充人」和奴僕社會地位極其低賤，不僅自己終身隸屬於主人，被主人隨意奴役和鞭打，而且子女也世代爲奴，婚嫁都不能自主，完全由主人擇配和隨意出賣。

從清廷任意沒收漢人地土，分配給滿洲人，可見，滿人以征服者自居，視被征服的漢人爲俎上肉，所謂「滿漢一視同仁」，「滿漢一家」、「滿漢平等」云云，純屬欺人之談。

更有甚者，滿清皇帝對於滿洲人的生活特別照顧，那是漢人無法享受到的特別恩惠。依照清史的記載，清帝多次拿漢人繳納的賦稅—公帑，補助滿洲人。

史載（註八）「八旗是清廷的根本。朝廷對八旗生計十分關切和重視，先後採取賞賜銀兩、增加兵額、京旗移墾等具體辦法進行解決。

一、**賞賜銀兩**　康熙年間，朝廷先是從國庫發銀五百四十萬兩，代替兵丁還債。後來又從國庫撥銀六百五十五萬兩貸給兵丁，作爲旗兵生活和生息的基金。但這筆錢絕大部分兵丁不僅沒有拿來生息，連本錢也花光了，根本無力償還，朝廷只好豁免。雍正年間，也曾多次賞賜八旗兵丁銀兩。這種作法除了製造滿漢人民經濟地位的差異，並沒有收到任何實效。到乾隆年間，清政府規定每年加賞八旗兵丁一月錢糧，八旗兵丁除了遇到婚喪之事有定例的銀兩賞賜外，還有不定期的其他賞賜，旗人典給漢族的土地，也由政府出錢代為贖回。

二、**增加兵額**　雍正年間，安排閑散餘丁增設養育兵四千八百人，乾隆年間增至二萬五千人，每人月餉一兩五錢。但人口增長很快，吸收少數人仍不能解決旗人的生計問題。清廷又決定允許漢軍出旗為民，自謀生計。乾隆年間將福州駐防漢軍改充綠旗營兵，讓廣州駐防的漢軍出旗為民，裁去杭州駐防漢軍和福州駐防水師的一半，空出的名額都由滿族閑散餘丁和少數蒙古人補充，以擴大滿蒙兵額。

三、**京旗移墾**　讓八旗人丁從事農業生產。雍正初年，曾在直隸固安、新安的戶部和內務府官地設立井田，安置一百戶旗民去耕種，作為一個解決八旗人丁生計問題的試驗，待取得成效後再加以推廣。結果是十年之中，請求回北京的有九十多戶，試驗失敗。乾隆年間，清政府又決定採取屯墾辦法，在拉林開墾荒地，建造房屋，想從北京選派三千戶旗人去那裡種地，實際上只去了兩千戶，而且去了之後，很多人又逃回北京。這些旗人長期在大城市優游自在，恣情享樂，不僅沒有生產勞動的習慣和技能，甚至連受領墾田，坐收租息都不願意去。京旗移墾只能以失敗告終。後來清政府又決定從北京遷移三千戶旗人到雙城堡墾種，結果只去了六百九十八戶。」

旗人的生計問題，固然是制度之限制——關內滿洲人只能擔任官吏和軍人，不得從事農、工、商業。但是旗人驕奢淫逸，也是原因之一。

蕭一山對旗人生計有如下之記述：（註九）

「八旗貧困之原因，說者不一，然最要者，不過安富尊榮，虛糜無度而已。猶之依賴他人，不事生產坐吃山空，終必蕩敗，其理無二致也。雍正五年諭管理旗務王大臣曰：

近來滿洲等不善謀生，惟恃錢糧度日，不知節儉，妄事奢靡，朕屢曾降旨，諄諄訓諭，但兵丁等相染成風，仍未改其糜費之習。………從前皇考軫念兵丁，效力行間，致有負債，曾發帑金五百四十一萬五千餘兩，一家獲賞，俱至數百，一二年間，蕩然無餘。後又發帑金六百五十五萬四千餘兩，賞賜兵丁人等，亦如從前，立時費盡。朕自即位以來，除特行賞賜外，賞給兵丁一月錢糧者數次，每次所賞，需銀三十五六萬兩，此銀一及兵丁之手，亦不過妄用於飲食，不及十日，悉為烏有。亦何裨益？若不將惡習改除，朕即有施恩之意，亦不可舉行。王大臣等亦宜各從儉約，以為下人之表率，行之既久，自可挽此惡習！

乾隆元年諭：

八旗為國家根本，從前敦崇儉樸，俗最近古，迨承平日久，漸即侈靡。且生齒日繁，不務本計，但知坐耗財米，罔知節儉。如服官外省，奉差收稅，即不守本分，恣意花消，虧竭國帑。及至干犯法紀，身罹罪戾，又復貽累親戚，波及朋儕，牽連困頓。而兵丁閒散人等，惟知鮮方美食，蕩費貲財，相習成風，全不知悔，旗人貧乏，率由於此。朕即位以來，軫念伊等生計艱難，頻頒賞賚，優恤備至。其虧空錢糧，已令該部查奏，寬免入官之墳塋地畝，已令查明給還；因獲罪革退之世職，亦令查明請旨。似此沛恩施者，無非欲令其家給人足，返樸還淳，共享昇平之福也。惟是曠典不可數邀，亦不可常恃，而旗人等蒙國家教養之厚澤，不可不深思猛省，自爲室家之謀！即如喜喪之事，原有恩賞銀兩，自應稱家有無，酌量經理；乃無知之人，只圖粉飾虛文，過爲糜費，或遇父母大故，其意以爲父母之事，過費亦所不惜。不知蕩盡家產，子孫無以存活，伊等父母之心，豈能安乎？否乎？他如此等陋習，不可悉數！在己不知節省，但希冀朝廷格外賞賚，以供其揮霍，濟其窮困，有是理乎？嗣後務期恪遵典制，謹身節用，勿事浮華，勿耽遊惰，交相戒勉，惟儉惟勤，庶幾人人得所，永遠充裕，可免窘乏之虞！

觀此二諭，可知八旗貧困之根本原因：即在於『不務本計，但知坐耗財米，罔知節儉』，『妄事奢靡，相習成風』。然一事之發生，決不只一種單純之原因，矧生計所關之大者！

故尚有旁因焉。即生齒日繁不營生計等是也。」

此外，　國父孫中山先生在同盟會時期也草擬了「掃除滿洲租稅釐捐布告」一文，痛斥清廷豪奢，漢民生計維艱之情形。該文雖有反清宣傳之意味，但是所言大體屬實。

其言曰：「自滿洲篡國，生民無依，憔悴於虐政之下，虜朝知滿漢不並立，猶水火不相容，故其倡言謂『漢人强，則滿人亡，漢人疲，則滿人肥』，處心積慮，謀絕漢人之生計，以制漢人之死命，漢人皆貧，則滿洲人可以獨富，漢人皆死、則滿洲人可以獨生，於是橫征暴斂，窮民之力，逼之以嚴刑峻法，使我漢人非惟無以爲生，且無以逃死。昔年康熙年間，曾定永不加賦之制，其名甚美，欲以愚弄漢人；然所謂永不加賦，不過專指正額，於正額之外悉收州縣耗羨以爲己有，而令州縣恣取平餘，其數五六倍於正額，且額之外徵，罔知紀極。又於徵糧之際，多立名目，每糧一石加派之銀至二三兩。此外貪官污吏私自加派，糧差徇弁從中漁利者，不可勝數，故康熙年間廷臣已言私派過於官徵，雜項浮於正額，分外誅求，民不堪命。當時初行此制，弊已如此，何況後日，名爲永不加賦，實則賦外加賦。其絕漢人生計者一也。滿洲入關之初，强占漢人土地分給滿人，室廬墳墓在滿人所圈地內者，悉爲滿人所有，漢人不惟失田喪業，無以糊口，且令祖宗暴骨，妻子流離，虜之兇德，從古所無。其絕漢人之生計者二也。八旗人眾計口給糧，不事營生，不納租稅，錦衣玉食，皆取之漢人，我漢人無異爲其牛馬，辛苦所得者以盡輸納，猶以爲未足，努力已盡，生命隨之。其絕漢人之生計者三也。既據北京，徵收本京餉，以爲首都之計。又歲括金億萬，密藏諸陵墓中，自順治至今，爲數無算。以四海有限之財，塡諸虜無底之壑，致令貨幣不能流通，財政日匱。其絕漢人之生計者四也。自康熙朝定制永不加賦，其子孫又託言恪守祖制，而於正賦之外暴斂無算。乾隆朝慫恿各省督撫，恣爲貪婪，殃民取財，剝膚吸髓，概置不問。伺其官囊已富，則借事治罪籍沒家產，盡入內府，謂之『宰肥鴨』，遂使貪詐成風，內自朝廷以至閹豎，外自督撫以至胥吏，皆以貪贓爲能，以害民爲事。乾隆末年嬖臣和珅一人之家產至數萬萬，民窮財盡，四海騷然。其絕漢人生計者五也。自太平天國起義東南，虜率其賊臣死相抵抗，軍費無所出，遂創釐金之法，一物之微，莫不有稅，商賈困憊，物價騰貴。當時宣言事平裁撤，乃事平之後，非惟不裁，且益增加，政府視爲利藪，官吏視爲肥差，騷擾搜括，民無寧日，商務不振，交通阻隔。其絕漢人生計者六也。自與萬國交通以來，不知外交，屢召戰禍，喪師辱國，於棄民割地之外，益以賠款，甲午之役賠款連息四萬萬，庚子之役賠款連息九萬萬，政府無力，則令各省攤賠，於是各省督撫借此爲名，舉行什捐，剝民自肥，自柴、米、油、鹽以至糖、酒諸什項，皆科重稅。居陸則有房捐，居水則有船捐，民不堪其苦，屢屢激變，則輒調兵勇，肆意焚殺，洗村剷地，以爲立威之計，思之心傷，言之髮指。其絕漢人之生計者七也。廣借外債，浪費無紀，息浮於本，積重如山；猶不知警惕，任令疆臣各自募借，其所開銷，復無清算，收入愈多，虧空愈大。試觀歐、美、日本各國何嘗無國債，然經理得宜，利多弊少，未有若虜朝之紊亂，長此以往，國力將斂。其絕漢人生計者八也。羅掘之術既窮，遂不顧廉恥，公然欺騙，造昭信股票，誘民出資；既而勒令報效，不踐前言，反覆無信，詐欺取財，行同無賴。其絕漢人生計者九也。四海之內人民流離失所，輾轉溝壑，而深宮之內窮奢極慾，日甚一日。據最近調查報（告），自乙未至庚子頤和園續修工程，每年三百餘萬（兩），虜太后萬年吉地工程，每年百餘萬兩。戊戌秋間虜太后欲往天津閱操，令榮祿修行宮，提昭信股票銀六百餘萬兩。辛丑回京費二千餘萬兩。辛丑後興佛照樓五百萬兩。虜太后七旬慶典一千二百餘萬兩，另各省大員報效一千三百萬兩。共計此數年之內，虜太后一人所用，已盈九千餘萬兩。辛丑至今，又閱數年，其費用可比例而知。所飲食者，漢人之脂血也，所寢處者，漢人之皮革也，漢人家散人亡，老弱塡溝壑，丁壯死桎梏者，皆斷送在深宮歌舞中耳。其絕漢人生計者十也。凡此十者，皆犖犖大端，人所共見，其他苛細及緣附而生者，尙不悉計，乃知虜之貪殘無道，實爲古今所未有。二百六十年中，異族淩踐之慘暴，君主專制之毒，令我漢人刻骨難忍，九世不忘，虜之待我漢人，無異豺虎食人，肉盡則咀其骨，必使無孑遺而後快，我漢人處於水深火熱之中者，其可憫孰甚焉。」

從以上三節所列的史實來看，滿漢兩民族顯然不平等，怪不得　國父在〈軍人精神教育〉講詞中說：「如滿清專政，彼爲主，而我爲奴，以他民族壓制我民族，不平孰甚？故種族革命因之而起。」他也在〈女子應明白三民主義〉講詞中說：「漢人在十三年前做滿人的奴隸，我們當那時候沒有國家，不能和別人講平等。」

【附　註】

註　一　柏楊著，《中國人史綱》下冊，頁八三七—九。

註　二　徐柯輯，《清稗類鈔》爵秩類，頁六三—四。

註　三　清仁宗實錄卷一八一，頁二五。

註　四　蕭一山，前揭書第二冊，頁二四。

註　五　莊練撰，〈慈禧母家與清末銀庫虧空案〉，七十九年十月二十七日《中央日報》十七版。

註　六　錢穆著《中國歷代政治得失》（台北：東大）七十三年，頁一四五。

註　七　同註四，頁一六五—七。

註　八　同上，頁二〇九—二一〇。

註　九　同註四，頁五五七。

第五章　民族主義對世界主義

第一節　王夫之的漢人民族主義

王夫之，字而農，又字薑齋，湖南衡陽人，晚居湘西石船山，學者稱船山先生。生於明萬歷四十七年，卒於清康熙三十一年，年七十四。父修侯，少從遊伍學父，又問道鄒泗山，承東廓之傳，以眞知實踐，爲湘南學者。張獻忠陷衡州，招先生，執其父爲質，先生引刀自刺，爲重創狀，舁往易父。賊見其遍創，不能屈，遂父子以計俱得脫。時先生年二十五。清師下湖南，先生舉兵衡山，戰敗，軍潰。遂至肇慶，瞿式耜薦之桂王，爲行人司行人，時年三十一。以劾王化澄，化澄將構大獄陷之死地，會降帥高必正救之，得免。遂至桂林依瞿式耜。清兵克桂林，式耜殉難。先生間道歸楚，遂決計遯隱。時年三十三。嗣是棲伏林谷，隨地託跡，以至於歿。王夫之著作甚多，其民族思想主要見於他的政論集——《黃書》和史評名著——《宋論》、《讀通鑑論》……等書，他的著作，除了史評著作外，均艱深難懂。他爲抗清志士，其漢人的民族思想，强烈可知。從其遺著中，我們可以看出其民族思想有下列各要點。

第一，民族獨立，漢族不容異族統治

> 民之初生，自紀其群。遠其沴害，擯其夷狄，建統惟君。故仁以自愛其類，義以自制其倫。強幹自輔，所以凝黃中之絪縕也。（《黃書》〈後序〉）

> 智小一身，力舉天下，保其類者爲之長，衛其群者爲之君。故聖人先號萬姓而示之以獨貴，保其所貴，匡其終亂，施於孫子，須於後聖，可禪、可繼、可革，而不可使異類間之。（《黃書》〈原極〉）

> 族類之不能自固，而何他仁義之云云也哉？（〈後序〉）

以上所說的民族思想，乃認定民族之自存，爲自然的規律，紀群爲人類之天性，故政治組織，立君治國，實爲保類衛群之必要。是故國家當爲民族國家，政權當由本族掌之，異族異國之吞併侵僭，皆春秋大義所不容許者也（蕭公權語）。這種民族國家的論調和　國父的民族主義相近，不過，己所不欲，勿施於人，漢民族固應由漢人統治，不容蒙元、滿清等異族騎在漢人頭上。可是，王夫之基於其貴華賤夷之說，雖不容異族統治漢人，卻不反對漢人征服異族。故對漢唐之討伐四夷，開疆拓土，大加讚賞。

第二，漢民族優越感

王夫之認爲華夏夷狄出生地不同，氣質不同，漢人天生優越，夷狄天生低劣，漢人必當統治者，夷狄卻只能當被統治者。爲達到此目的，漢人可以用任何手段去征服夷狄。他在《讀通鑑論》（卷七）說：「夷狄之與華夏所生異地。其地異，其氣異矣。氣異而習異，習異而所知所行蔑不異焉。」

古代華夏和夷狄的分別在於文化，不以天賦資質爲區分之標準。可是，王夫之卻首創出生地和天賦資質之優劣爲區分中外夷夏之標準，而且武斷地主張出生於中原的漢人必定資質優異；而出生於邊疆的夷狄必定資質低劣。他還認爲優秀的漢民族應爲統治者，劣質的夷狄絕不可統治優秀的漢人。所以他主張「即使桓溫輩功成而篡猶賢于戴異族以爲中國主。」因爲桓溫是漢人，即使這位權臣漢人得位不正，由他來統治漢人總比由夷狄來統治漢人爲佳，可見，他有强烈的漢人民族意識。

第三，賤視夷狄

英、美、南非的白人賤視有色人種，納粹德國和日本軍閥也賤視其四鄰弱小各民族。王夫之在其漢人自我優越感的作祟之下，也賤視夷狄，甚至於認爲文明的規範，只適用於漢人之間，不適用於漢人和夷狄之間。他論漢傅介子誘斬樓蘭王之事時寫道：

夷狄者，殲之不爲不仁，奪之不爲不義，誘之不爲不信。信義者，人與人相於之道，非以施之夷狄。（《誤通鑑論》卷四）

……殄之不爲不仁，欺之不爲不信，斥其土、奪其資，不爲不義。苟與戰而必敗之也。殄之以全吾民之謂仁。欺以誠，行其所必惡之謂信。斥其土則以文教移其俗。奪其資而以寬吾民之力之謂義。仁信以義，王伯之所以治天下，匡人道也。（《春秋家說》卷三中，〈昭公〉）

王夫之的貴華賤夷說和　國父孫中山先生民族主義主張的民族平等說，大相逕庭。

第四，王夫之相信滿清竊據中國後，雖然接納漢族的道統——孔孟思想，滿清政權仍難長治久安。理由是漢人文化高深，非夷狄所能學得。儘管清廷得些文化漢奸之助，也只能學得一點中華文化的皮毛而已，不可能得到中華文化的精髓。他在《讀通鑑論》（卷十三）寫道：

治統之亂，小人竊之，盜賊竊之，夷狄竊之，不可以永世而全身；其幸而數傳者，則必有日月失軌、五星逆行、冬雷夏雪、山崩地坼、雹飛水溢、草木爲妖、禽蟲爲害之異，天地不能保其清寧，人民不能全其壽命，以應之不爽。道統之竊，沐猴而冠，教猱而升木，尸名以徼利，爲夷狄盜賊之羽翼，以文致之爲聖賢，而恣爲妖妄，方且施施然謂守先王之道以化成天下；而受罰於天，不旋踵而亡。……雖然，敗類之儒，竊道統於夷狄盜賊而使竊者，豈其能竊先王之至教乎？昧其精意，遺其大綱，但於宮室器物登降進止之容，造作纖曲之法，以爲先王治定功成之大美在是，私心穿鑿，矜異而不成章，財可用，民可勞，則擬之一旦而爲已成。故夷狄盜賊易於竊而樂竊之以自大，則明堂、辟雍、靈臺是已。

王夫之在《讀通鑑論》（商務版中冊卷七，頁三一一）評論胡人君主慕容寶「定士族舊藉，分清濁，閱戶口，罷軍營封蔭之戶」時說：

夷狄而效先王之法，未有不亡者也。以德仁興者以德仁繼其業，以威力興者以威力延其命。沐猴而冠，爲時大妖。先王之道不可竊，亦嚴矣哉。以威力起者始終乎威力，猶一致也。絀其威力，則威力既替矣。竊其德仁，固未足以爲德仁也。父驢母馬，其生爲騾。騾則生絕矣。相雜而類不延，天之道物之理也。

第五，中原爲不可侵犯的漢人領土，夷狄只宜住居邊疆，不能入主中原。

王夫之曰：「天以洪鈞一氣生長萬類而地限之以其域。天氣亦隨之而變，天命亦隨之而殊。中國之形如箕，坤維其膺也。山兩分而兩迤，北自賀蘭，東垂於碣石，南自岷山，東垂於五嶺，而中爲奧區，爲神皋焉。故裔夷者如衣之裔垂於邊幅，而因山阻漠以自立。地形之異即天氣之分，爲其性情之所便即其生理之所存。濫而進宅乎神皋焉，非不歆其美利也。地之所不宜，天之所不祐，性之所不順，命之所不安。是故拓拔氏遷雒而敗，完顏氏遷蔡而亡。游鱗於沙渚，嘯狐於平原，將安歸哉。」他又說：「三代以上，淑氣聚於北，而南爲蠻夷。漢高帝起於豐沛，因楚以定天下，而天氣移於南，郡縣封建易於人，而南北移於天，天人合符之幾也。天氣南徙，而匈奴始彊。漸與幽、幷、冀、雒之地氣相得。故三代以上，華夷之分在燕山。三代以後在大河。非其地而闌乞之，地之所不宜，天之所不佑，人之所不服也。是故拓拔氏遷於雒，而六鎭據其穴以殘之。延及於齊、周，而元氏之族赤；守緒遷於蔡，而完顏氏之族殲。耶律亡而其支庶猶全於漠北。蒙古亡而其曲裔種姓君長塞外者，且數百年。舍其地之所可安，以犯天紀，則未有能延者。枳橘貉鴝之性，黠者自喩之，昧者弗知也。王獮孔萇之所以愚，而徒資曜勒之笑也。夫江淮以南，米粟魚鹽，金錫卉木，蔬果絲枲之資，彼豈不知其利，而欲存餘地，以自全其類也。則去之若驚。然則天固珍惜此土，以延文明禮樂之慧命明矣。天固惜之，抑且知之，而入弗能自保也。悲夫！滿淸之敗類。罪通於天矣。雖然，胡而有曜勒之識也，則自知此非其土，而勿固貪之爲利，以自殄其世也。」（《讀通鑑論》中冊卷七，頁二六五—六）

他也在《讀通鑑論》卷六認爲夷狄不可居中原的理由是：「夫夷狄所恃以勝中國者，朔漠荒遠之鄉，耐饑寒，勤牧畜，習射獵，以與禽獸爭生死。故粗獷悍厲，足以奪中國膏粱豢

養之氣。而既入中國，沈迷於膏粱豢養以棄其故，則乘其虛以居其地者又且粗獷悍厲以奪之。」（前揭書，頁二五三）

滿清八旗入關後，確實沈迷於膏粱豢養，習於安逸，趨於文弱，戰鬥力大失。三藩之亂時，八旗官兵已感無能爲力，平定太平天國、捻亂、回亂，則依賴漢人官兵了。不過，兵力不是一個異族政權興亡的唯一因素。王夫之對清朝滅亡之預測並不準確。

漢人不但是優秀的炎黃子孫，而且人口最多，照理應當統治中國，主宰天下。可是，那只是王夫之的理想，他面臨的卻是滿洲人宰制著漢人的殘酷現實。王夫之也是逃過清軍之追緝，藏匿起來的明代遺民。他把漢民族衰微的原因歸罪於宋明漢人政權只圖一家一姓之帝王享受，沒有深謀遠慮，以致亡國。他評論宋朝時說：「改易武藩，建置文弱，收總禁軍，衰老塡籍。孤立於强虜之側，亭亭然無十世之謀……卒使中樞趨靡，形勢解散。一折而入於女眞，再折而入於韃靼。以三五漢唐之區宇，盡辮髮負笠，漸喪殘剮，以潰無窮之防。生民以來未有之禍，秦開之而宋成之也。」（《黃書》）

王夫之的著作富有漢人民族思想，其書大多成於康熙年間，但是因未曾出版，只是一堆原稿而已，所以在乾隆帝編修《四庫全書》時，能夠漏網未遭焚毀。

第二節　凌廷堪的天下主義

「史評」究竟應持客觀的態度，就事論事，還是應採取漢人史家的民族立場，於評論史事時，主觀地褒漢貶夷，乃是一個見仁見智的問題。基於民族意識的作用，漢人史家都會自覺或不自覺地站在漢民族的立場去評論史實，漢人讀者固然感到用漢人立場寫出來的歷史，讀起來比較過癮，漢人革命家更希望歷史都是基於漢人的民族立場寫出來的，以便用歷史來激發漢人民族意識，使漢人的反抗異族能受到廣大漢人的認同和支持。清朝乾嘉學派的經史學者凌廷堪，雖是漢人，可是他論史卻「心無偏倚，據事直書」，換言之，他只根據史實去評論史實，漢人好，就說漢人好，漢人壞，就說漢人壞，對於夷狄的異族亦然，決不因異族非漢人，就把異族的好也說成壞，或把夷狄的壞說成好。他這種論史不分夷狄華夏，實話實說的史觀，被很多漢人學者指為天下主義或世界主義，很不能得到漢人學者的諒解。第一個指出凌廷堪論史立場不妥當的就是已故的國學大師錢穆先生。他評論凌廷堪說：

凌廷堪不僅治經精善，其史學亦為流輩所推。然其論史有可異者，嘗謂：

史以載治亂，學者資考究。胡為攀麟經，師心失所守，拘拘論正統，脫口即紕繆。拓拔起北方，征誅翦群寇，干戈定中夏，豈曰無授受？蕞爾江介人，弒篡等禽獸，荒淫無一可，反居魏之右。金源有天下，四海盡稽首，世宗三十年，德共漢文懋，南渡小朝廷，北面表臣構，奈何紀宋元，坐令大綱覆？兔園迂老生，永被見聞囿，安得如椽筆，一洗賤儒陋。〈學古詩〉見於《校禮堂詩文集》卷五）

治漢學者必斥宋，宋儒論史，主嚴辨正統，他乃譏爲賤儒之陋。而以金晟比漢文，又深惜其謀之不臧，坐失滅宋之機。又謂：

靖康之時，不幸而用李伯紀，紹興之際幸而不用胡邦衡。

又謂：

道學之焰，隆隆不已，宋竟全入於元。

而於秦檜、史浩皆力持平反。又深惜元人不能重用擴廓，付以恢復之事，遂令明祖坐大而有天下。又謂：

尼父之作春秋，亦書荆楚，左氏之撰國語，不遺吳越。

對於范長生、陳元達、張賓、王猛諸人，若不勝其仰敬之私。嗟乎！此其治史之意，所爲深異於船山、亭林、梨洲諸老而適成其爲乾嘉之學者，則又深心治史之士所當引以猛省深惕者也。」（註一）

其後的學者如蕭公權、簡又文均引用錢穆上述的論據，指責凌廷堪，甚至於加油加醋，超越錢穆論據的範圍。蕭公權說：

凌氏論史，重治亂而輕種族，其立場恰與方孝孺、王夫之、呂留良、戴名世等相反。凌氏嘗謂『尼父之作春秋，亦書荆楚，左氏之撰國語，不遺吳越。』。聖人古史不排夷狄，則後儒以種族定正統者，皆當駁斥。凌氏以詩述其主張（見上錄）。本此見解以論史，凌氏於異族政權每加擁護，異族功臣每加讚許，而六朝以後之漢族政權一致加以蔑視詆譭。如五胡十六國之『漢奸』張賓、王猛，均受稱許；南宋主和之秦檜、史浩悉爲翻案。惜金不滅宋，歎元亡於明。凡此驚人之賤華貴夷論，清世宗《大義覺迷錄》對之當猶有遜色。昔戴名世與人論修史之例，謂當以康熙元年爲定鼎之始。世祖雖入關十八年而祀未絕。（按：康熙元年永曆帝始崩。）循蜀漢之例，順治不爲正統。今凌氏乃至欲擯南明、南宋於正統之外，以爲魏金偏除。縱非有心取媚滿洲，而『認賊作父』，究爲其學識之一玷。（註二二）

太平天國史的專家簡又文則說：「滿人施用種種壓迫方法，屢興文字獄，務期遏絕我漢人之春秋民族大義。一般士子，在嚴刑峻法威迫之下，對於種族問題與革命言論，日漸噤若寒蟬，於是乎民族思想日漸消沈，轉以忠於滿族之君，愛其滿清之國爲道德倫理之最高標準，且誤以爲儒學正宗焉。更有僞儒輩，不惜曲學阿世，取媚時君，提倡種種謬說，圖推翻我中國二千年傳統文化之春秋大義，而爲滿清統治我國我族極力撐持。若乾嘉間之凌廷堪其始作俑者乎！凌氏以進士爲寧國府教授，治禮治史，聲聞於時。然其論史則譏宋儒之主嚴辨正統者爲『賤儒』，及盛倡貴夷賤華、外夏內夷、一反春秋大義之說。如謂：『靖康之時，不幸用李伯紀；紹興之際，幸而不用胡邦衡。』其於秦檜、史浩，皆力持平反。又深惜元人不能重用擴廓、付以恢復之事，遂令明祖坐大而有天下。又謂『尼父之作春秋，亦書荊楚；左氏之撰國語，不遺吳越。』對於范長生，陳元達、張賓、王猛諸人，若不勝其仰敬之私。又爲〈十六國名臣補贊〉，旁及慕容恪、符融，目之爲宗賢。其立論如此，足稱爲許中平（衡）之嗣響，無怪其自號「次仲」矣。其最爲顚倒是非、荒謬絕倫、而遺臭後代者，則爲其所作之〈學古詩〉（見上錄）」。（註三）

從以上三段文獻來看，錢穆只感歎「嗟呼！此其（凌廷堪）治史之意，所爲深異於船山（王夫之）亭林、梨洲諸老，而適成其爲乾嘉之學者，則又深心治史之士所當引以猛省深惕者也。」蕭公權已責其「貴夷賤華，縱非有心取媚滿洲，而認賊作父，究爲其學識之一玷」。簡又文不但指其爲治史不分夷狄華夏的始作俑者，更指他那篇〈學古詩〉的史評論點爲「顚倒是非、荒謬絕論，而遺臭後代者。」

筆者在國立中央圖書館特藏室（線裝書收藏部門）翻閱過凌廷堪所著的《校禮堂詩文集

》（三十六卷）之後，覺得凌廷堪的史評雖然沒有以「漢民族的立場，褒貶漢族及異族的歷史人物」，可是，如從他所處的時代及其就事論史的態度來看，似乎也無可厚非。先從他所處的時代來看吧！

凌廷堪，字次仲，安徽歙縣人。生於乾隆二十年乙亥，卒於嘉慶十四年己巳，年五十五。次仲六歲而孤，家貧，年十二，棄書學賈。偶在友人家見《唐詩別裁集》及《詞綜》攜歸就燈下讀，遂能詩詞，而六經未全睹也。年過二十，亟思發憤讀書，著辨志賦。時兩淮鹺使奉朝命置詞曲館，檢校詞曲中字句違礙者，次仲遂至揚州，從事讎校，得脩脯自給，年二十七矣。越兩年，至京師，從遊於翁覃溪，始習舉子業，嗣以進士爲寧國府教授。母歿，哀毀骨立，眚一目，旋卒。

筆者首先應指出的是那首〈學古詩〉是凌廷堪在三十歲左右時所寫的，當時正是乾隆皇帝弘曆實施「文化戒嚴」的時代，清廷藉口修纂《四庫全書》，蒐集全國圖書，詳加檢查，任何涉及漢人民族思想的言論都在清除之列。凌廷堪生長在這樣的政治環境中，既未受過民族意識的薰陶，心中根本就無夷狄華夏的觀念，即使有，在清廷的威壓之下，他敢基於民族大義嚴夷夏之防嗎？簡又文先生不是也坦承「滿人施用種種壓迫方法，屢興文字獄，務期遏絕我漢人之春秋大義。一般士子，在嚴刑峻法威迫之下，對於種族問題與革命言論，日漸噤若寒蟬」嗎？簡先生稱「若乾嘉間的凌廷堪其始作俑者乎！」那麼乾嘉間的學風又如何呢？請看史家怎麼說：

乾嘉學派是乾隆、嘉慶時期思想學術領域中出現的一個以考據爲治學主要內容的學派。因爲它採用了漢朝儒生訓詁考訂的治學方法，與著重於氣、理、性、天抽象議論的宋明理學有所不同，所以有漢學之稱。此外，也有因爲這一學派的文風貴樸實簡潔，重證據羅列而少理論發揮，所以又稱它爲樸學。

乾嘉考據學派是清朝鎮壓和籠絡羈縻臣民政策的產物。雍正、乾隆時期，清朝的統治獲得了相對的穩定，對文人採取了嚴酷的統治政策。尤其是乾隆帝在位時，屢次禁毀書籍，興起文字獄。當時的文人學士不僅不敢抒發己見，議論時政，即使是詩文奏章中有一言一句的疏失，也有遭致殺身滅族慘禍的可能，這就使得他們放棄了與現實關係較爲密切的義理經濟方面的探討，而把時間和精力用在古代典籍的整理上，尋章摘句，逃避現實。

乾嘉學派大多數人的畢生精力，都從事整理國故的工作，在經學、史學、文學、音韻、天算、地理等學科的校勘、目錄、輯佚、辨僞等方面，作出了很大的成績。這些成績主要是審訂文獻、辨別眞僞、校勘謬誤、注疏和論釋文字、典章制度以及考證地理沿革等等，爲後來的研究者，提供了可靠的材料和讀書的方便。中國古書很多，經過幾千年的傳抄，不免有不少混亂錯誤的地方，有的已經無法讀下去，意義更加無法理解了。乾嘉考據家們，用十分精密細緻的校勘方法，幾乎對於所有重要的古書，都加以詳細的考訂，使後輩讀書的省卻了無限的精力，難讀難解的書，也都可讀通。這方面清儒的功績，是不可磨滅的。

乾嘉學派在學術方面，作出了貢獻。在治學的態度和方法來看，他們重視客觀資料，不以主觀的想像輕下判斷。（註四）

凌廷堪生長在清廷文字戒嚴的時代，又是吃清廷奶水長大的進士，他治經史，怎敢不顧清廷之忌諱，而在史評中貶斥夷狄呢？俗語說得好，人在屋簷下，不能不低頭。

再說，凌廷堪論史也只是就史評論而已，並沒有像蕭公權所說的那樣「賤華貴夷，認賊作父」，也沒有像簡又文所說的「顛倒是非，荒謬絕倫」。錢穆、蕭公權、簡又文三名史學名家都提到：「凌廷堪惜金不滅宋，歎元亡於明」、「靖康之時，不幸而用李伯紀，紹興之際，幸而不用胡邦衡」、「其於秦檜、史浩，皆力持平反」……云云。現在筆者把凌廷堪有關上述史論原文，抄錄如後，讓讀者自行判斷凌廷堪是否文化漢奸。

經查「靖康之時，不幸用李伯紀，紹興之際，幸而不用胡邦衡」係出於凌氏所撰〈讀宋

史〉，茲將該文照錄如下：（筆者按：原文係線裝書，例無句讀。下文之標點符號為筆者所加）

〈讀宋史〉

宋史成於元末，其時道學方盛，所謂君子小人者，皆朋黨之說為之也。試以汴宋而論，嘉祐以前，以黨呂文靖者為小人，以黨范文正者為君子；治平以後，以黨熙寧者為小人，以黨元祐者為君子。此東都君子小人之大較也。夫黨范文正者即不敢置議矣，而當時所深詆者如高文莊（若訥）夏英公（竦）諸人，平心觀之，果皆小人乎？黨元祐者即不敢置議矣，而當時所深詆者如李邦直（清臣）楊子安（畏）諸人。平心觀之，果皆小人乎？慶歷朋黨易於平反者，以呂許公晚節涵容異已，有以全之也。至於紹聖之禍綿綿不已，宋乃半入於金以報復隙深，終無平反之日故也。再以杭宋而論，隆興以前以攻和議者為君子，以黨和議者為小人。慶元以後，以黨道學者為君子，以攻道學者為小人。此南渡君子小人之大較也。夫攻和議者即不敢置議矣，而當時所深詆者如王愍節（倫）史文惠（浩）諸人，平心觀之，果皆小人乎？黨道學者即不敢置議矣，而當時所深詆者如玒文定（淮）林簡肅（栗）諸人，平心觀之，果皆小人乎？紹興和議難於平反者，以秦申王晚節誅鋤異已有以激之也。至於道學之陷，隆隆不已，宋竟全入於元，以心性勢重永無平反之日故也。總兩宋之事而論，熙寧以前，朋黨尚輕。元祐以來，朋黨日重。至南渡以後，竟成水火，仇讎有不可解之勢，而國遂以亡，皆歐陽公朋黨一論不肯持平有以啓之也。學者不能無遺憾焉。嗟乎！靖康之時，不幸而用李伯紀之言，而東都旋亡；紹興之際，幸而不用胡邦衡之言而南渡僅存。有識之士，苟不爲朋黨私意橫據於先則得失自見。二事尤兩宋存亡所係，故特取而論之，則其他君子小人之說，可以類推矣。後之秉筆者，但能心無偏倚，據事直書，不以一時之朋黨議論淆之，則百世之下或有平反之日乎。

「惜金不滅宋」一事見於〈書金史太宗紀後〉（筆者按：凌廷堪此文評論金主完顏亶戰略錯誤）原文如後。

古之一天下者，必審夫天下之形勢。奮吾之全力，控其要害，然後傳檄以定其餘。此發蒙振落之勢也。勇夫之搏虎也，舉一身之力，扼其吭，則虎斃矣。苟或將扼其吭，又曳其尾，則我之力分，而虎之力完，虎之力未損，而我之力已憊矣。金太宗天會六年，詔伐宋康王，河北諸將欲罷陝西兵，併力南伐，宗翰不可，曰河北不足虞，請先事陝西，略定五路，然後取宋。太宗曰趙構當窮其所往而追之，陝右之地亦未可置而不取，於是命婁室等平挾西，撻懶、宗弼等分道南伐。宗弼之軍雖渡江取建康，杭州自明州行海三百里。然以上游未定，所得州縣皆不能守，旋棄之而歸，自是不復渡江。延至天眷中乃定和議。夫以天會之兵力而不能一統，議者遂謂天不絕宋。以吾觀之，寔人謀之不臧也。善定大謀者，如治絲、始振裘、總其端而挈之，舉其領而提之。其末雖不理梳爬而已耳，其衽雖不齊拂拭而已耳，未有不挈其端而先理其末，不提其領而先齊其衽，其不至於棼亂而顛倒者幾何哉！今夫全蜀非天下絲之端，裘之領乎？爲太宗者當從宗翰之謀，停宗弼南追之舉，以傾國精兵先定關陝五路，而後命諸將率偏師出散關，軋興元以窺全蜀。夫挾平陝之餘威加以婁室、宗翰、宗弼、睿宗熊虎之將，俯視吳玠張浚之等，不啻拉朽，未有不得志者也。定蜀之後，以舟師由巴夔順流而東，復命上將將步騎十萬南出唐鄧，以取襄樊，上游既得，如瓴之建，如竹之破，則區區吳越之地，可以不戰而定，不出五年天下混一，必然之理也。昔晉武平吳王濬樓船，自益州而下，周使尉遲迥取蜀。隋文因之以滅陳。故劉禪李勢之未亡也。魏文臨江賦詩而還，季龍雖强不敢南下，豈二君之才劣於晉武隋文哉？形勢不同，用兵有難易之分也。宗翰之言固在夏，而不在蜀，然亦具有卓識。惜乎太宗見不及此，不能取其言，而裁割之，以控天下之要害，徒令諸軍浸然四出，而自分其力也。豈非人謀之不臧哉？迨婁室既敗張浚之兵於富平，始命完弼撒離喝取蜀，吳玠得以悉力固守，而蜀卒不可得。蓋此之力用於既分之後而始當彼之全宜其難也。厥後海陵正隆間，開國宿將凋敝殆盡，宣宗之時强敵侵陵，國勢日削，乃欲混一車書孤軍南伐又不足論也已。

「歎元之亡於明」一事則見於〈書元史陳祖仁傳後〉原文如後。

元順帝詔削擴廓帖木兒官爵，命諸軍四面討之。時明兵已取山東，陳祖仁上書皇太子，言此項軍馬終爲南軍之所忌；又云朝廷苟善用之，豈無所助皆爲擴廓而言也。書載元史祖仁本傳案書中所稱「南軍」即指明太祖兵也。元史成於明初，語多忌諱。察罕擴廓父子戰勝攻取之事有關於明者多不傳。即此數語推之，明兵之畏擴廓爲何如。觀後明兵已定元都，擴廓入援不及，湯和等乘勝進山西，擴廓僅遣將禦之，戰於韓店，而明師大敗。洪武五年，明太祖復遣大將軍徐達、左副將軍李文忠，征西將軍馮勝將十五萬衆，分道出塞，至嶺北，與擴廓遇，大敗死者數萬人。夫以元室喪敗之後，奮其餘力，猶能取明兵如拾芥，當其盛時，勢可知矣。惜乎，元之君不以恢復之事付之，且疑其欲反，而削奪以困之。擴廓亦但知與孛羅帖木兒相報復。與李思齊相讎殺，不以明兵爲意，遂令明祖坐大而有天下也。嘗謂漢高帝非項羽敵也，所以勝之者，賴田榮、彭越等議其後耳。明太祖亦非擴廓敵也，所以勝之者，賴孛羅、李思齊等掣其肘耳。然則漢之舉楚，明之克元，皆天也，非人之所能爲也。使當明兵未來之先，擴廓奉元帝之威令，悉衆大舉南出江淮，以擣其胸，李思齊以秦兵劘其右，王信以齊兵躡其左，何眞以粵兵陳友定以閩兵扼其背，梁王復以滇兵撓蜀，使夏不暇出師以相救，則明祖雖欲盡江東而守之，恐智者亦不能爲之謀矣。況北定中夏乎？案明史擴廓帖木兒傳，初察罕破山東，江淮震動，太祖遣使通好，元遣戶部尚書張昶、郎中馬合謀浮海如江東，授太祖榮祿大夫江西等處行中書省平章政事。甫至，而察罕被刺，太祖遂不受。然則察罕不死，明祖固已受其撫而降之，不過察罕部下之一校順則爲杜伏威遊則爲輔公祏而已矣。明玉珍傳載太祖遺玉珍書曰：「足下處西蜀，予處江左，蓋與漢季孫劉相類近者。」王保保以鐵騎勁兵，虎踞中原，其志殆不在曹操下。予兩人能高枕無憂乎？願以孫劉相呑噬爲戒。王保保者擴廓小字也。然則擴廓在河南，明祖固已讋其強而悸之，亟思與明氏結脣齒，以爲保江左之計。幸則爲權之拒守，不幸則爲皓之輿櫬而已矣。蓋當時之情事如此。嗟乎！元事之不可爲，一徵之於察罕之被刺，再徵之於擴廓之搆兵。蓋天之棄元也久矣，而察罕、擴廓父子必欲興之以區區之人力而與天爭，安可得哉？又擴廓傳載明太祖之言曰：「常遇春雖人傑，吾得而臣之，吾不能臣王保保，其人奇男子也」。劉基亦嘗謂太祖曰：「擴廓未可輕也。是擴廓之威略節概，明之君臣未嘗不心服焉。惜讀史者不能會於其微也。（凌氏此論是否「心無偏倚，據事直書」？請讀者自行判斷。）

凌廷堪所著《校禮堂詩文集》三十六卷，全書太長，無法一一引證，只能選擇三篇受人抨擊者，刊錄於此，以供讀者判斷。筆者覺得凌廷堪的史評確實是「就事實而論」，沒有以漢人史家的立場，褒漢貶夷，也就是說他沒有漢人的民族意識，他評論史事或人物，既沒有夷狄華夏之分，也無中（國）外（族）之別。國父孫中山先生在〈民族主義第三講〉中說：「不分夷狄華夏就是天下主義（即今之世界主義）。」凌廷堪的史觀可謂「天下主義」矣。

眞正反對區分夷夏或中外的是保皇黨的巨擘康有爲。他反對國父孫中山先生的民族革命，理由是大家都是中國人，而且中國人經過幾千年的同化，早已是一個雜種民族，既沒有純粹的漢民族，也沒有純粹的滿民族，以「驅逐韃虜，恢復中華」爲號召的漢人民族主義，在他看來是不通的。

據蕭公權說：『康有爲認爲種族界線難於劃定，種族革命，不能成立。康氏以爲世界民族本無純種，而漢人乃混血之蒙古族。其言曰：「近人多謂中國漢族全爲黃帝子孫，有欲以黃帝紀年者。其實大地萬國無有能純爲一族者也。夫黃帝出自崑崙，實由中亞洲遷徙而來。史記黃帝本紀稱以師兵爲營衛，則實由遊牧而入中國之北方。其時中國地屬有苗。」「歐人以中國人種同於蒙古人種，而馬來人別自爲種。蓋馬來人種出自苗人，其音本同。而黃帝徙自中亞，實即蒙古人種。」若吾人欲於蒙古種中自立界限以排異族，則中國自古以來即多與異族混雜。「魏、齊、周、隋、五代、遼、金、元諸史中由諸番改漢姓者不可勝數，吾未及遍舉之。但舉簡要，則北魏書官氏志九十九姓之所改，蓋中國之自負爲三代華冑者，蓋無一能免於北狄所雜亂者矣。」不寧惟是，主革命者斥滿洲爲夷狄，爲異類，遂欲顚覆驅之。而孰知滿洲之與漢人實共祖先而爲同類乎。康氏謂「滿洲之音轉從肅愼。其在周世曾貢楛矢石砮，皆黃帝二十五子分封之所出。而匈奴之祖出於淳維，實爲殷後，則北魏亦吾所自出耳。」夫漢人非神明之純種，滿人亦黃帝之子孫，則漢滿之界不立，而言排滿者非徒無的放矢，實近同室操戈矣。

康氏認定區分華夷惟一合理之標準爲文化而非種族。蓋「孔子作春秋，以禮樂文章爲重。所謂中國夷狄之別，專以別文野而已。合於中國之禮者則進而謂之中國，不合於中國之禮者則謂之夷狄。」此義既明，亦可知「一國之存亡在其歷史風俗教化，不繫於一君之姓系。」康氏據此標準，參中外史實，定亡國爲四等。征服者絕滅亡國者之文化，如西班牙之於墨西哥，爲第一等。禁其文敎，奴隸其人，如法之於安南，爲第二等。抑制苛使其民，如英之於印度，爲第三等。或禁其語言，或奪其權利，如德俄之於芬蘭波蘭，爲第四等。中國之情形，若有一於此，則可預亡國之列，而當奮起以圖光復。然而自康氏視之，滿洲既未嘗滅周孔之文化，則漢族固未嘗亡國。「我中國雖屢更革命，而五千年文明之中國禮樂文章敎化風俗如故也。自外入者入焉而化之。滿洲云者，古爲肅愼，亦出於黃帝後。其於明世封號龍虎將軍。然則其入主中夏也，猶舜爲東夷之人而代唐，文王爲西夷之人而代商云爾。敎化皆守周孔，政俗皆用漢明。其一家帝制，不過如劉李趙朱云爾。五千年文明之中國禮樂文章政俗教化一切保存，亦如英國也，則亦不過易姓移朝耳。易姓移朝者，可謂之亡君統，不得以爲亡國也。」夫中國既未嘗亡國，滿洲既非異類，則倡民族革命光復漢土之義者，誠不知其何所根據。不僅此也。中國五千年中雖經女后盜賊夷狄之篡奪，而未嘗亡國。吾人殊難保證其永遠不亡。康氏相信民族革命足以生內亂而速外患。昔之不亡於蒙古滿洲者，或不免亡於德俄英法等國。彼斷不能拾己從人以存我周孔之文物。若中國今日而亡於外人乎，則必爲芬蘭印度安南爪哇臺灣，必不得爲北魏金元與本朝之舊，可決之也。以今之外人皆有文明化我故也。』（註五）

凌廷堪只是消極地沒有褒華夏貶夷狄而已，而康有爲則積極地建立華夷一體論，否定漢人和滿人爲兩個不同的民族，而且講得頭頭是道，眞是强詞奪理。康有爲此種見解，最少有三種謬誤。

第一，滿漢同出一源，乃是無從證實的傳說。中日兩國歷史都有傳說，稱秦始皇派遣徐福率領童男童女各千名，赴東瀛求不死的仙丹，從此移民赴日成爲日本人的祖先。依此傳說，日本人爲中國人的後裔，和中國人同種。七七事變後，我國展開了抗戰，歷經八年才打敗日冠。假設那次中日戰爭眞像日本軍閥事前所誇口的那樣，在三個月內征服支那。那麼，中國人是否應承認日本人就是中國人，四億五千萬中國人應乖乖地服從日本人的統治，不得反抗或革命？的確，滿洲人和漢人一樣都屬於蒙古人種，樣子看起來差不多，可是日本人和中國人不是也同爲蒙古人種嗎？外表看起來不是也很像嗎？可是，事實上，日本人是大和民族，而中國人則是中華民族，兩者絕對是不同的兩個民族，不是一個民族，一旦日本人統治中國人，中國人不但要反抗，更要革命，非打倒日本統治者，爭取中華民族的自由不可。還好，康有爲在民國十六年就死掉了，否則，如果他在抗日期間還活著，則照他上述的理論，他可能會反對抗日，認賊作父，和汪精衛一起去做漢奸了。其次，民族乃是一個血統、語言、風俗習慣、宗教信仰相同的一群人而且有民族意識者。尤其是民族意識更是民族的主觀要素。漢人對於漢民族有一種向心力，他和漢民族有一種榮辱悠關，利害與共的關係。

此外，滿人自認爲滿人，漢人自認爲漢人，足證滿漢爲兩個民族，奕訢、溥儀、鐵良均自認爲滿人，絕不會說他們是漢人，孫中山、黃興、宋教仁，甚至於康有爲、梁啓超師徒均自認是漢人，絕不會自認是滿人。既然這兩種人都各有其民族意識，他們當然是兩個民族。

最後，康有爲稱「滿洲曾於有明受封爲龍虎將軍……其入主中夏，爲改朝換代，不得視爲亡國」云云，　國父孫中山先生在〈民族主義第三講〉中已經加以駁斥。他說：「近年革命思想發生之後，還有許多自命爲中國學士文人的，天天來替滿洲說話。譬如從前在東京辦民報時代，我們提倡民族主義，那時候駁我們民族主義的人，便說滿洲種族入主中華，我們不算是亡國。因爲滿洲受過了明朝龍虎將軍的封號；滿洲來推翻明朝，不過是歷代朝廷相傳的接替，可說是易朝，不是亡國。然則從前做過中國稅務司的英國人赫德，他也曾受過了中國戶部尙書的官銜，比如赫德來滅中國，做中國的皇帝，我們可不可以說中國不是亡國呢？」康有爲的謬論，顯而易見。日本曾受封爲漢倭奴國王，日本征服了中國，是否也是中國因而改朝換代而已呢？韓、越、蒙古也都曾接受過中國的封號，如果它們滅了中國是不是可以說中國只是改朝換代，並非亡國呢？

第三節　民國前的華夷之辨與民國後的國族

凌廷堪和康有爲等人主張中國境內，不分夷狄華夏，大家都是同出一源的中國人；反之，漢人革命家和史家都堅持夷狄華夏有別。雙方各持之有故，言之成理。不過就史實而論，中華民族是民國成立以後，才逐漸形成的。在中國帝制時代，漢、滿、蒙、回、藏、苗……等六十四個大大小小的種族之間，確有明顯的界線。如果，我們否認帝制時代的中國，沒有夷狄華夏之分，則以漢人史家所寫的正史統統都要改寫了。史家簡又文力主：帝制時代，中國境內確有夷狄猾夏之事。

他在「再論太平天國與民族主義」一文中說：『最近又得閱一種反對太平天國之特別論調，竟以太平革命與漢倒滿之民族主義，違背國族觀念，爲其失敗之基本原因。並以吾國「正史」包括歷代異族入主中國者之歷史以爲論據，猶且引清代凌廷堪之史觀（詳上文）以爲證。另引時人著作以中國不曾亡於蒙古及滿洲，而元之滅宋及淸之滅明，不過吾國政權與朝代之變易，等于歷史中內部之換朝而已，此種論調之辯據，大概以爲在中國疆土內全體人民向來原是一個國族，無華夷之別；其在歷代侵略中國之邊疆部族，皆是國族中之一家兄弟也。誠如是，則蒙古滿洲之入主中國，不是以異族滅亡我華夏漢族，卻是爲中國開疆拓土，功德極其高大的了。持此說以尙論太平天國，無怪乎以其民族革命毫無理由，毫無價値，由是而引起一般抱持華夷不辨之國族觀念者之反對，卒至失敗了。照這樣推論下去，則曾國藩等之敵對及攻滅太平天國而支持滿清，反是合情、合理、合法的了。再根據此說而回溯吾國二千年歷史，則一切攘夷禦外，救國保種之種種民族運動與民族英雄，其價値與意義亦盡失掉，而我們全部國家民族的歷史觀，非被推翻而完全改變不可。烏呼！此眞聞所未聞、荒謬怪僻之論，影響於國人對民族國家之觀念者甚大，而且亦不符於史實者，烏可不辯？

粵自孔子著《春秋》，揭出華夷之別、夷夏大防之保種衛國的民族大義，如天經地義，昭示後世，二千年來我中國無敢背道而馳焉。或有引孔子「微管仲吾其披髮左衽」實指中國淪亡於夷狄後習俗禮制概被變易之徵，猶之滿清既亡中國，強迫漢族之薙髮垂辮改易滿服也。是故孔子此言即是盛稱管仲使中國不亡於夷狄之功。試細味「內諸夏而外夷狄」、「攘夷狄而救中國」之宗旨則知其明內外華夷之別，非徒文野之分而已。

在歷史中，若周之玁狁，秦漢之匈奴、西域，晉之五胡（匈奴、羯、鮮卑、氐、羌），隋唐之西域諸國（如突厥、吐谷渾、契丹、大食、吐番、回紇、龜茲、高昌等）。以及東方之琉球、高麗、倭（日本）、以至宋之契丹、西夏、金、蒙古，降至明代之滿洲，既稱其爲「邊疆部族」，則非中國本土之漢族可知。在事實上，一一各自有其血統文化之種族源流，亦一一各自有其獨立國家政治組織，而確爲我華夏中國大漢民族之外，常與我國相敵相仇之異族異國。昔唐太宗統一全國，懾服四夷之後，自可在政治上作「朕視天下如一家」之豪語，但事實上天下多異族異國，何嘗是「一家」？吾國人亦從未有視其爲一家兄弟之親，如傳統的說法所謂「屛之四夷，不與同中國」是也。即在歷史中，凡有此等邊疆部族侵略我國我族，或有佔據部分國土，或有佔據全國、成立政權、自建朝代如宋之蒙元、明之滿清，分明是異國異族之侵略行動，亡我中國，奴我漢族（等於疇昔日本之併吞琉球，滅亡高麗，佔領臺灣，殊不能視爲同一國族中兄弟鬩牆之內戰（有如曩年軍閥爭地盤），分明是國與國之國際性的戰爭（等於上次之中日大戰），而由戰勝者擴充其本國本族之疆土與統治權於我國而賤視我漢族爲被征服之奴隸。假如當年日本佔據了我全國，我同胞將可藉口「同種同文」視同爲「國族」，而俯首貼耳，臣服於「東亞共榮圈」中，不作抵抗以圖復國乎？若反而歌頌其擴大中國之功德，誠不知是何居心矣。然則古今以來，我國同胞，凡遇異國異族之侵略，或佔據，本於春秋民族大義以攘夷復國，正是合情、合理、合法、忠義英雄之舉，又何能爲狹隘的民族思想而違反國族觀念耶？矧「國族」名辭與觀念，在滿清既倒、民國成立後，乃得流行，表示「五族共和」，聯合漢、滿、蒙、回、藏，爲一中華大國族。若謂百年以前遠至秦漢，包括所有中國本土外之蠻夷戎狄同爲一「國族」，得毋貽時代錯誤之譏乎？至謂二十四史包括異國異族入主中國局部或全部者之歷史同列爲「正史」，則以國猶是中國也，史猶是中國史也，當然不能視爲外國史，不過是異國異族滅亡中國、主治中國之痛史而已。此仍不能爲同一國族觀念之論據明甚。』（註六）

【附註】

註　一　錢穆著，《中國近三百年學術史》，（台北：商務），四十五年，頁五〇九－五一〇。

註　二　蕭公權著，《中國政治思想史》，（台北：華岡），七十四年，頁六七三－六七四。

註三　簡又文撰，〈再論太平天國與民族主義〉，刊於《中國近代史論集》（三），頁七
。

註四　《中國史常識（明清篇）》，頁二六一。

註五　蕭公權著，《中國政治思想史》（台北：華岡），六十六年，頁七〇〇—七〇一。

註六　同註三。

第六章　結論——從漢人民族主義到國族主義

第一節　民族主義爲世界主義的基礎

《大英百科全書》對「世界主義」（Cosmopolitanism）解釋如下：

「世界主義乃是古代希臘斯多亞學派爲抵制希臘人和野蠻人之間的傳統上的區分所採取的一種主張。他們自稱爲世界主義者，意思是說他們的城邦就是整個宇宙或整個世界。公元前四世紀，亞歷山大大帝制訂辦法鼓勵他的將領和被征服國家的土著婦女結婚，該辦法多少打破了希臘人和野蠻人之間的界線，但這個政策在戰地遭到抗拒，在國內也受到抨擊。斯多亞派（公元前四世紀—前三世紀）首先破除這種希臘人在人種和語言上的優越感，並在哲學基礎上提出了這種新的世界主義。早期希臘人以爲將人分成希臘人和野蠻人是由自然本身（或是宙斯的神意）所決定的。與此相反，斯多亞派則證明：一切人都共享一個共同的理性和服從同一個理念。因此，眞正的斯多亞哲人並非某一個國家的公民而是全世界的公民。」於此可見，古代希臘人和周代的中國人一稱，認爲自己民族才是文明人，異族都是野蠻的夷狄。斯多亞學派反對把當時的人類區分爲希臘人和野蠻人，主張大家都是一家人。　國父在〈民族主義第三講〉爲世界主義下定義時說：「不分夷狄華夏，就是天下主義（世界主義）」。可見　國父對世界主義定義得十分精確。世界主義主張破除族界，四海一家，人類平等，如同兄弟姐妹。這種主張在本質上是很好的，可惜的是由於人類有種族意識，不大可能把其他種族的人看成自己的同胞或兄弟姐妹，相反的幾乎所有的民族都對異族存著「非我族類，其心必異」的想法，更糟的是有政治野心的強大民族都會利用世界主義的美名，肆行其帝國主義的陰謀，使被壓迫的民族受到麻醉，不致反抗。　國父孫中山先生在〈民族主義第三講〉中說：「究竟世界主義是好是不好呢？如果這個主義是好的，爲甚麼中國一經亡國，民族主義就消滅呢？世界主義，就是中國二千多年以前所講的天下主義。我們現在研究這個主義，他到底是好不好呢？照理論上講不能說是不好。從前中國智識階級的人，因爲有了世界主義的思想，所以滿清入關，全國就亡。康熙（可能是雍正）就是講世界主義的人，他說：『舜東夷之人也，文王西夷之人也，東西夷狄之人，都可以來中國做皇帝。』就是中國不分夷狄華夏；不分夷狄華夏，就是世界主義。大凡一種思想，不能說是好不好，只看他是合我們用不合我們用。如果合我們用便是好，不合我們用便是不好。合乎全世界的用途便是好，不合乎全世界的用途便是不好。世界上的國家，拿帝國主義把人征服了，要想保全他的特殊地位，做全世界的主人翁，便是提倡世界主義，要全世界都服從。」可見， 國父認爲世界主義，其實是變相的帝國主義，是強盛民族用來痲醉被壓迫民族的糖衣毒藥。

就以日本軍閥提出的世界主義——「大東亞共榮圈」爲例來說明吧！民國二十年代我國在蔣委員長領導下，準備抵抗日寇之侵略時，日本爲了瓦解我國軍民的抗戰意志，而提出一項名叫「大東亞共榮圈」的世界主義，略稱「亞洲是亞洲人的亞洲，不應是英美白人的殖民地，亞洲人應團結一致，尤其是中、日兩國同文同種，更應共同反抗英美帝國主義和共黨赤禍，並在經濟上攜手合作。日本願以其先進的科技幫助其亞洲的兄弟之邦發展經濟，務期東亞人民共享繁榮。」日本軍閥提出的共榮圈，表面上說得冠冕堂皇，骨子裡是要中國人自絕英、美、蘇的外援，放棄抗日，甘受日本之宰制而不自知。蘇俄頭子布里茲涅夫對其他共產政權所提出的「社會主義大家庭」也有異曲同工之妙。

國父早已看出無從實踐的世界主義乃是浸蝕民族主義的糖衣毒藥，所以極力提倡民族主義而反對世界主義。他在〈民族主義第三講〉中說：「我可以用一件故事來比喻，這個比喻或者是不倫不類，和我們所講的道理毫不相關，不過借來也可以說明這個原因。這件故事是我在香港親見過的：從前有一個苦力，天天在輪船碼頭拿一枝竹槓和兩條繩子去替旅客挑東西，每日挑東西就是那個苦力謀生之法。後來他積存了十多塊錢，當時呂宋彩票盛行，他就拿所積蓄的錢買了一張呂宋彩票。那個苦力因為無家可歸，所有的東西都沒有地方收藏，所以他買得的彩票也沒有地方收藏。他謀生的工具只是一枝竹槓和兩條繩子，他到甚麼地方，那枝竹槓和兩條繩子便帶到甚麼地方，所以他就把所買的彩票收藏在竹槓之內，因彩票藏在竹槓之內，不能隨時拿出來看，所以他把彩票的號數死死記在心頭，時時刻刻都念著。到了開彩的那一日，他便到彩票店內去對號數，一見號單，知道是自己中了頭彩，可以發十萬元的財；他就喜到上天，幾幾乎要發起狂來，以為從此便可不用竹槓和繩子去做苦力了，可以永久做大富翁了。由於這番歡喜，便把手中的竹槓和繩子一齊投入海中。用這個比喻說，呂宋彩票好比是世界主義，是可以發財的。竹槓好比是民族主義，是一個謀生的工具。中了頭彩的時候，好比是中國帝國主義極強盛的時代，進至世界主義的時代。我們的祖宗以為中國是世界的強國，所謂『天無二日，民無二王』，『萬國衣冠拜冕旒』，世界從此長太平矣；以後只要講世界主義，要全世界的人都來進貢，從此不必要民族主義，所以不要竹槓，要把它投入海中。……我們的祖宗，如果不把竹槓丟了，我們還可以得回那個頭彩，但是他們把竹槓丟得太早了，不知道發財的彩票，還藏在裡面。」

國父鑑於我們漢人祖先掉棄民族主義採取世界主義導致亡國之教訓，而主張我們應先提倡民族主義，等民族主義鞏固了之後，才可以講世界主義，也就是說，民族主義乃是世界主義的基礎。所以他在〈民族主義第四講〉說：「我們今日要把中國失去了的民族主義恢復起來，用此四萬萬人的力量，為世界上的人打不平，這才算是我們四萬萬人的天職。列強因為恐怕我們有了這種思想，所以便生出一種似是而非的道理，主張世界主義來煽惑我們，說世界的文明要進步，人類的眼光要遠大，民族主義過於狹隘，太不適宜，所以應該提倡世界主義。近日中國的新青年主張新文化，反對民族主義，就是被這種道理所誘惑。但是這種道理，不是受屈民族所應該講的：我們受屈民族，必先要把我們民族自由平等的地位恢復起來之後，才配得來講世界主義。我前次所講苦力買彩票的比喻，已發揮得透闢了。彩票是世界主義，竹槓是民族主義，苦力中了頭彩，就丟去謀生的竹槓，好比我們被世界主義所誘惑，便要丟去民族主義一樣。我們要知道世界主義是從甚麼地方發生出來的呢？是從民族主義發生出來的。我們要發達世界主義，先要民族主義鞏固才行：如果民族主義不能鞏固，世界主義也就不能發達。由此便可知世界主義實藏在民族主義之內，好比苦力的彩票藏在竹槓之內一樣。如果丟棄民族主義，去講世界主義，好比是苦力把藏彩票的竹槓投入海中，那便是根本推翻。」

第二節　漢人民族主義是推翻異族統治的思想武器

古今中外都有一種政治思想，認爲在一個由多元民族組成的國家中，應由多數民族統治。今日馬來西亞由巫人主政，新加坡由華人主政，羅德西亞由黑人主政。中國古代也有這種思想，尤其佔絕大多數的漢人更認爲中國者中國人之中國也，非夷狄所可竊據而治之。所以，歷代史家都認爲漢人治天下乃天經地義，而夷狄竊據中國建立異族政權爲中國亡國。　國父孫中山先生在〈民族主義第二講〉中說：「中國幾千年以來，受過了政治力的壓迫，以致於完全亡國已有兩次，一次是元朝（蒙古人），一次是清朝（滿洲人）。但是這兩次亡國都是亡於少數民族。」漢人亡國，必想復國，於是漢人便要革命，而革命必須喚醒漢人的民族意識，以爭取眾多漢人的支持，所以，歷代漢人革命志士反抗異族統治，都是利用漢人民族主義做爲爭取人民支持的思想武器。朱元璋要推翻蒙古人政權，固然以漢人民族主義爲號召，洪秀全要推翻滿清，也是以漢人民族主義爲號召，　國父要革滿清政府的命時，更是以漢人民族主義爲號召。

朱元璋在〈諭中原檄〉中說：「自古帝王臨御天下，中國居內以制夷狄，夷狄居外以奉中國，未聞以夷狄治天下也。……天運循環，中原氣盛，億兆之中，當降生聖人，驅逐胡虜，恢復中華，立綱陳紀，救濟斯民。……予恭天成命，罔敢自安，方欲遣兵，北逐群虜，拯生民於塗炭，復漢官威儀。……蓋我中國之民，天必命中國之人以安之矣！夷狄何得而治哉！」朱元璋在宋濂起草的這篇檄文中，不僅指斥元朝君臣的荒淫無道，更提出「驅逐胡虜，恢復中華」的口號，完全站在漢人的立場，喚醒漢人同胞的民族意識，終能爭取到廣大漢人的支持而推倒元朝，建立漢人政權的明朝。

太平天國要推翻滿清政權時，也是以漢人民族主義爲號召。東王楊秀清和西王蕭朝貴發表〈太平天國奉天討胡檄〉，其言曰：「慨自滿洲肆毒，混亂中國，而中國以六合之大，九州之眾，一任其胡行，而恬不爲怪，中國尙得爲有人乎？妖胡虐焰燔蒼穹，淫毒穢宸極，腥風播於四海，妖氣慘於五胡，而中國之人，反低首下心，甘爲臣僕，甚矣哉！中國之無人也。

夫中國首也，胡虜足也；中國神州也，胡虜妖人也。中國名爲神州者何？天父皇上帝眞神也，天地山海，是其造成，故從前以神州名中國也。胡虜目爲妖人者何？蛇魔『閻羅妖』邪鬼也，韃靼妖胡，惟此敬拜，故當今以妖人目胡虜也。奈何足反加首？妖人反盜神州？驅我中國悉變妖魔？罄南山之竹簡，寫不盡滿地淫污；決東海之波濤，洗不淨彌天罪孽！予謹按其彰著人間者，約略言之：

夫中國有中國之形象，今滿洲悉令削髮，拖一長尾於後，是使中國之人變為禽獸也。中國有中國之衣冠，今滿洲另置頂戴，胡衣猴冠，壞先代之服冕，是使中國之人忘其根本也。中國有中國之制度，今滿洲造為妖魔條律，使我中國之人無能脫其網羅，無所措其手足，是盡中國之男兒而脅制之也。中國有中國之語言，今滿洲造為京腔，更中國音，是欲以胡言胡語惑中國也。凡有水旱，略不憐恤，坐視其餓莩流離，暴露如莽，是欲使中國之人稀少也。滿洲又縱貪官污吏，布滿天下，使剝民脂膏，士女皆器泣道路，是欲我中國之人貧窮也。官以賄得，刑以錢免，富兒當權，豪傑絕望，是使我中國之英俊抑鬱而死也。凡有起義興復中國者，動誣以謀反大逆，夷其九族，是欲絕我中國英雄之謀也。滿洲之所以愚弄中國，欺侮中國者，無所不用其極，巧矣哉！

昔姚戈仲，胡種也，猶戒其子襄，使歸義中國；苻融亦胡種也，每勸其兄堅，使不攻中國。今滿洲乃忘其根源之醜賤，乘吳三桂之招引，霸占中國，極惡窮凶。

乘中國之無人，盜據中夏，妖座之設，野狐升據；蛇窩之內，沐猴而冠。我中國不能犁其窟而鋤其穴，反中其詭謀，受其凌辱，聽其嚇詐，甚至庸惡陋劣，貪圖蠅頭，拜跪於狐群狗黨之中。今有三尺童子，至無知也，指犬豕而使之拜，則艴然怒。今胡虜猶犬豕也，公等讀書知古，毫不知羞？昔文天祥、謝枋得誓死不事元，史可法、瞿式耜誓死不事清，此皆諸公之所熟聞也。予總料滿洲之眾不過十數萬，而我中國之眾不下五千餘萬，以五千餘萬之眾，受制於十萬，亦孔之醜矣！

今幸天道好還，中國有復興之理，人心思治，胡虜有必滅之徵。三七之運告終，而九五之眞人已出。胡罪貫盈，皇天震怒，命我天王肅將天威，創建義旗，掃除妖孽，廓清中夏，恭行天罰。言乎遠，言乎邇，孰無左袒之心，或爲官，或爲民，當急揚徽之志！甲冑干戈，載義聲而生色，夫婦男女，攄公憤以前驅。誓屠八旗，以安九有。」

國父孫中山先生也覺得要從事民族革命，最有效的辦法莫過於激發漢人的民族意識，以爭取廣大的漢人之支持。所以，他自從組織第一個革命團體興中會時，就以「驅除韃虜，恢復中華」爲號召。民國前六年冬天，他在東京成立中國革命同盟會時，發表了軍政府宣言，聲稱：「今者國民軍起，立軍政府，滌二百六十年之羶腥，復四千年之祖國，謀四萬萬人之福祉，此不獨軍政府責無旁貸，凡我國民皆當引爲己責者也。維我中國開國以來，以中國人治中國，雖間有異族篡據，我祖我宗常能驅除光復，以貽後人。今漢人倡率義師，殄除胡虜，此爲上繼先人遺烈，大義所在，凡我漢人當無不曉然。

用特披露腹心，以今日革命之大經，暨將來治國之大本，布告天下。

一、驅除韃虜　今之滿洲，本塞外東胡，昔在明朝，屢為邊患？後乘中國多事，長驅入關，滅我中國，據我政府，迫我漢人為其奴隸，有不從者，殺戮億萬，我漢人為亡國之民者二百六十年於斯。滿洲政府窮凶極惡，今已貫盈，義師所指，覆彼政府，還我主權。其滿洲漢軍人等，如悔悟來降者，免其罪；敢有抵抗，殺無赦；漢人有為滿奴作漢奸者，亦如之。

二、恢復中華　中國者中國人之中國，中國之政治，中國人任之。驅除韃虜之後，光復我民族的國家，敢有為石敬塘、吳三桂之所為者，天下共擊之。」

同時，他還擬定〈招降滿洲將士布告〉其言曰：「此時滿洲政府方又出其以漢人殺漢人之手段，驅之與國民軍為敵，願我國民思之，本中國人而當滿洲兵，以殺中國人為職，撫心自問，寧不愧乎？我國民勿謂為滿洲盡力，乃所以報國也。中國亡於滿洲，已二百六十餘年，我國民而有愛國心者，必當撲滅滿洲，以恢復祖國；倘反為滿洲盡力，是甘事仇讎，而與祖國為敵也。其身分為奴隸，其用心為梟獍，豈有人心者所忍為乎。我國民又勿謂既食滿洲之祿，當忠於所事也。須知中國者中國人之中國，反為滿洲所奪，收中國人之財賦，以買中國人之死力。中國人效力滿洲而食其祿者，譬為家財既為強盜所奪，復為強盜服役，以求得傭值，境遇已慘，行為尤賤矣。是故我國民之為滿洲將士者，須以大義自持，知託身滿洲政府之下，乃由一時之束縛，當懷脫離獨立之志，際此國民軍大起之日，正當倒戈以向滿洲政府，而與我國民軍合爲一體，方不失國民之才分也。彼滿洲以五百萬民族凌制四萬萬漢人。而能安臥至二百六十年者，豈彼之能力足以致之，徒以中國人不知大義，爲之效力，自戕同種，故滿人得以肆志耳。試觀滿洲入關以來，每遇漢人起義，輒用漢人剿平，殺人盈野，流血成河，若漢人自相屠戮，而於滿人無所損。舉其大者，如嘉慶年間，漢人王三槐等舉義四川，湖南、湖北、陝西諸省相繼響應，滿洲政府勢垂危矣，八旗之兵望風奔潰，禁旅駐防皆不可用，乃重用綠營，招募鄉勇，於是漢人楊遇春、楊芬等爲之效力，屠戮同胞，死者億萬，川、湖、陝諸省遂復歸於滿洲主權之下。又如咸豐年間，太平天國起自廣西，東南諸省指顧而定；西北則張樂行等風馳雲捲，天下已非滿洲所有，其督師大臣賽善阿、和春一敗塗地，事無可爲。及漢人曾國藩、胡林翼、左宗棠、李鴻章等練湘軍、淮軍，以與太平天國相殺，前後十二年，漢人相屠殆盡，滿人復安坐以有中國，凡此皆百年來事，我父老兄弟耳熟能詳者也。漢人不起義則已，苟一起義，必非滿人所能敵，亦至明矣。所最可恨者，同是漢人，同處滿洲政府之下，同爲亡國之民，乃不念國恥，爲人爪牙，自殘骨肉，彼楊、曾、胡、左、李諸人是何心肝，必欲使其祖國既將存而復亡，使其同胞已將自由而復作奴隸乎？自經諸役以後，滿人習知以漢人殺漢人爲最上策，故近來怵於革命之禍，日謀收天下之兵權，以滿人任統御，以漢人供驅役；一旦有事，則披堅執銳、冒矢石、當前敵、斷脰流血者皆漢人，而策殊勳、受上賞者則滿洲人也。我國人之爲滿洲將士者，當念及身爲中國之人，當知助異族殺同胞爲天地所不容，可無待躊躕而斷然決心者。」

第三節　國族的形成

國父的民族主義具有消積與積極雙重的目的。所謂消極的目的只是想要建立一個國內各民族一律平等的民主共和國而已。要想達到這個消極目的，只要推翻滿清政權，取消滿人的特權，讓各族在民族、政治、經濟等方面平等，就夠了。誠如國父所說的：「對於滿洲，不以復仇爲事，而務與之平等共處於中國之內。」（註一）。國父的民族主義還有積極目的，也就是消弭漢、滿、蒙、回、藏、苗……等種族間的界線，而融合成爲一個單一的中華民族。

國父在手撰本〈三民主義〉中說：「夫漢族光復，滿清傾覆不過只達到民族主義之一消極目的而已。從此當努力猛進，以達到民族主義之積極目的也。積極目的爲何？即漢族當犧牲其血統、歷史、與夫自尊自大之名稱，而與滿蒙回藏之人民，相見以誠，合爲一爐而冶之，以成一中華民族之新主義。如美利堅之合黑白數十種之人民，而冶成一世界之冠之美利堅民族主義，斯爲積極之目的也。」換言也，消極地推翻滿清後，應積極地推行民族同化融合各種族，以造成一個偉大的中華民族。

國父所謂的「民族主義積極目的」就是要透過自願的同化，融合各種民族，消滅各民族之間的界線，而形成一個單一的中華民族，由這個國族建立一個富强康樂的新中國。他在民國元年元旦的〈臨時大總統就職宣言〉中，呼籲五種統一，其中一種就是民族的統一。同時他還說：「國家之本，在於人民。合漢、滿、蒙、回、藏諸地爲一國，即合漢、滿、蒙、回、藏爲一人，是曰民族之統一。」不過他反對五族共和的主張，因爲中國境內多達六十四族，「五族共和」名不副其實，而且即使五族眞正做到「共和」了，中華民國還是有五個民族，而有五個民族就有民族的界線，有民族的界線，就難免會發生少數民族問題。最理想的方法就是泯滅民族的界線，融合成爲一個中華民族—國族。

他在〈民族主義第一講〉中說：「什麼是民族主義呢？我可以用一句簡單話說，民族主義就是國族主義。」

國父所謂的國族主義就是一個國家只包括一個民族或一個民族只構成一個國家。我國著名政治學者蒲薛鳳教授在所著《現代西洋政治思潮》一書中，就把nationalism譯爲族國主義。

國父所說的國族主義，並不是非要一個國家只有一個純粹的民族不可，由一個單一民族組成的國家，固然是民族國家，合乎　國父所稱的民族主義，即使一個國家由很多民族構成，經過民族同化，產生民族意識，而無少數民族問題者，　國父也視之合乎國族主義。例如瑞士和美國均是。　國父在〈三民主義〉文言文本中說：「如瑞士之民族，即合日爾曼、義大利、法蘭西三國之人民而成者也。此三者各有血統、歷史、語言也，而以相互接壤於亞剌山麓，同習於凌山越鉛，履險如夷，愛自由，尚自治，各以同聲相應，同氣相求，遂組合建立瑞士之山國，由是而成爲一瑞士之民族，此民族之意志，爲共圖直接民權之發達，是以有異乎其本來之德、義、法三民族也。又美利堅之民族，乃合歐洲各種族而鎔冶爲一爐者也。自放黑奴之後，則吸收數百萬非洲之黑種，而同化之，成爲世界一最進步、最偉大，最富强之民族。」

民國成立以來，政府的民族政策，除了在憲法上規定民族平等和保障其參政權之外，還在憲法第一六八、九兩條明文規定，「國家對於邊疆地區各民族之地位，應予以合法之保障，並於其地方自治事業，特別予以扶植」和「國家對於邊疆地區各民族之教育、文化、交通、水利、衛生，及其他經濟、社會事業，應積極舉辦，並扶助其發展，對於土地使用，應依其氣候、土壤性質，及人民生活習慣之所宜，予以保障」做爲基本國策。

根據中共一九八二年的人口普查統計資料，中國大陸除了漢族外，現已確認的有五十五個少數民族，在十億零三百十多萬人口中，少數民族的人口有六千七百二十三萬多人，約佔總人口的百分之六點七。大陸上的五十五個少數民族是壯（僮）、蒙、滿、回、藏、苗、維吾爾、彝、布依、朝鮮、侗、瑤、白、土家、哈尼（以上十五個種族人口均在一百萬以上）、哈薩克、傣、黎、傈僳、佤、畲、拉祜、水、東鄉、納西、柯爾克孜、土、羌（以上十三個種族人口各在百萬以下，十萬以上）、景頗、达斡爾、仫佬、布朗、撒拉、毛難、仡佬、錫伯，阿昌、普米、塔吉克、怒、烏孜別克、鄂溫克、崩龍、裕固、京、基諾（以上十八個種族人口各在一萬以上、十萬以下）高山（台灣的山胞九族不計在內）、俄羅斯、保安、塔塔爾、獨龍、鄂伦春、赫哲、門巴、巴珞（以上九個種族人口各在一萬人以下）。在那五十五個少數民族中，壯族人口最多，有一千三百多萬人、赫哲族人口最少，只有一千四百多人。

又依照中共於一九九〇年十一月十三日發表的最新人口普查資料，中國大陸總人口有十一億三千多萬人，漢族人口爲十億四千二百四十八萬二千一百八十七人，其餘九千萬人爲少數民族，約佔大陸總人口的百分之八點零四。五十五個少數民族人口較一九八二年增加了百分之三十三點五二，遠較漢族增加的百分之十點八爲多。雖然少數民族的人口目前多達中國總人口的百分之八，可是除了世居邊疆的極少數原住民外，幾乎都已在中華民族的大融爐遭融化了。試看，滿人關中、蒙人劉燕、山胞楊傳廣、維吾爾族人吾爾開希……均以中國人自居，均認同中國，這不是　國父國族主義實現的明證嗎？目前在全中華民國十一億三千多萬人口中，除了外蒙古的約一百多萬蒙人在蘇俄帝國主義者扶植下自行獨立，西藏的約二百萬藏人和新疆約六百萬維吾爾族人尚有獨立之企圖外，其他的少數民族絕大多數均已和漢人同化了，其中尤以滿洲人及僮族（壯族）漢化最爲澈底，「滿族」早已成爲一個歷史名詞了。

【附註】

註　一　國父，〈中國革命史〉。

參考書目

中國國民黨黨史會編，《國父全集》，（台北：編者），七十四年。
允禎（雍正帝）撰，《大義覺迷錄》，刊於沈雲龍主編《中國近代史料》第三十六卷。
允禎（雍正帝）撰，《聖諭寶訓》，刊於《四庫全書薈要》第一八五卷。
包賚著，《清呂晚村先生留良年譜》，（台北：商務），六十七年。
弘文館出版社編輯部編，《中國史常識「明清篇」》，（台北：編者），七十五年。
柏楊著，《中國人史綱》，（台北：晨光），七十六年。
胡秋原著，《日本軍國主義之發展、降伏與復活》，（台北：學術出版社），六十二年。
胡健國撰，《清代滿漢政治勢力之消長》，（國立政治大學政治研究所博士論文），六十六年。

凌廷堪著，《校禮堂詩文集》，（台北：藝文），六十年。
許六淵撰，《清修四庫全書之目錄學》，（國立政治大學中國文學研究碩士論文），六十四年。
清世祖實錄。
清世宗實錄。
清高宗實錄。
陳捷先撰，〈岳鍾琪與雍正朝曾靜、張熙的文字獄案〉，刊於《歷史月刊》第二期。
管東貴撰，〈滿族的入關與漢化〉，刊於《中央研究院歷史語言研究所集刊》第四十三本。
稻葉君山著，《清朝全史》，（台北：中華），四十九年。
錢穆著，《中國近三百年學術史》，（台北：商務），四十六年。
錢穆著《中國歷代政治得失》，（台北：東大），七十三年。
蕭一山著，《清代通史》，（台北：商務），五十五年。
蕭公權著，《中國政治思想史》，（台北：華岡），七十四年。
薛文郎編著，《國父思想》，（台北：曉園），七十六年。
簡又文撰，〈再論太平天國與民族主義〉，刊於《中國近代史論集》（三）。

Eberhard, Wolfram, *Conquerors and Rulers:Social forces in Medieval China,* Taipei, Tsung Ching Book Co., reprinted in 1978.

Huang, Pei, *Autocracy At Work: A Study of the Yung-cheng Period, 1723-1735,* Bloomington & London, Indiana University Press, 1974.